서울특별시
청원경찰

민간경비론+일반상식

5회분 모의고사

서울특별시 청원경찰

5회분 모의고사

초판 인쇄   2024년 6월 17일
초판 발행   2024년 6월 19일

편 저 자 | 공무원시험연구소
발 행 처 | ㈜서원각
등록번호 | 1999-1A-107호
주   소 | 경기도 고양시 일산서구 덕산로 88-45(가좌동)
교재주문 | 031-923-2051
팩   스 | 031-923-3815
교재문의 | 카카오톡 플러스 친구[서원각]
홈페이지 | goseowon.com

청원경찰은 국가기관 또는 공공단체, 국내 주재 외국기관 등의 장이나 중요 시설 또는 사업장의 경영자가 그 소요경비를 부담하고 경찰관의 배치를 신청하는 경우 그 기관·시설 또는 사업장에 배치하는 경찰로 관할 경찰서장의 감독을 받아 그 경비 구역만의 경비를 목적으로 필요한 범위에서 경찰관의 직무를 수행합니다.

각 시·도에서도 청원경찰의 많은 필요성으로 공개경쟁·경력경쟁 임용시험을 치르며 채용을 하고 있습니다. 18세 이상이면 누구나 응시가 가능하고 시험 과목 수가 많지 않아 많은 일반 공무원 수험생, 경찰공무원 수험생까지도 많은 관심을 가지고 있습니다.

본서는 서울특별시 청원경찰 임용시험 과목인 민간경비론(청원경찰법 포함)과 일반상식(한국사, 시정 주요시책 포함)에 대하여 엄선된 출제예상문제를 다양한 난도로 수록하여 필기시험에 충분한 준비가 될 수 있도록 5회분 모의고사로 구성하였습니다. 또한 각 문제마다 상세한 해설을 담아 보다 효율적인 학습을 할 수 있도록 하였습니다.

신념을 가지고 도전하는 사람은 반드시 그 꿈을 이룰 수 있습니다.
도서출판 서원각은 수험생 여러분의 그 꿈을 항상 응원합니다.

Information

서울특별시 청원경찰 임용시험 안내

❀ 주요업무 및 근무예정지

임용구분	주요업무	근무예정기관
청원경찰	청사방호, 출입통제, 주·야간 순찰, 집단민원 대처, 청사 내외 질서유지 등	서울특별시 본청, 사업소 등

❀ 시험 방법

① 제1차 시험 : 필기시험

　㉠ 응시대상 : 청원경찰 채용 응시자 전원

　㉡ 배점 및 문항형식 : 과목당 100점 만점, 4지 택1형 20문항

　㉢ 합격기준 : 각 과목 40점 이상 득점한 사람 중 최종 선발예정인원의 3배수 이내에서 고득점자 순으로 결정

　㉣ 시험과목

시험과목	세부구성	시험시간
민간경비론(20문항)	민간경비론(20문항)	40분 (10:00~10:40)
	청원경찰법(10문항)	
일반상식(20문항)	한국사(10문항)	
	시정 주요시책 및 일반상식(10문항)	

② 제2차 시험 : 서류전형

　㉠ 제출서류 검증을 통해 자격요건, 가산점 등 적격성 심사

　㉡ 응시자가 제출한 서류를 기준으로 응시자격 해당 여부를 판단, 응시자격에 부합하는 응시자는 합격자로 결정

※ 별도의 합격자 공지 없고, 불합격자에 한해 개별통보

③ 제3차 시험 : 체력검정

　㉠ 응시대상 : 제1,2차 시험에 합격한 사람

　㉡ 종목 : 100m 달리기(10점), 제자리 멀리뛰기(10점), 윗몸일으키기(10점)

구분		10점	9점	8점	7점	6점	5점	4점	3점	2점	1점 (부적격)
남자	100m달리기 (초)	13.0 이내	13.1~ 13.5	13.6~ 14.0	14.1~ 14.5	14.6~ 15.0	15.1~ 15.5	15.6~ 16.0	16.1~ 16.5	16.6~ 16.9	17.0 이상
	제자리멀리뛰기 (cm)	263이상	262~ 258	257~ 255	254~ 250	249~ 246	245~ 243	242~ 240	239~ 230	229~ 210	210 미만
	윗몸일으키기 (회/60초)	52 이상	51~ 50	49~ 48	47~ 46	45~ 44	43~ 42	41~ 40	39~ 37	36~ 30	30 미만
여자	100m달리기 (초)	15.5 이내	15.6~ 16.3	16.4~ 17.1	17.2~ 17.9	18.0~ 18.7	18.8~ 19.4	19.5~ 20.1	20.2~ 20.8	20.9~ 21.4	21.5 이상
	제자리멀리뛰기 (cm)	199 이상	198~ 194	193~ 189	188~ 185	184~ 181	180~ 177	176~ 173	172~ 169	168~ 160	160 미만
	윗몸일으키기 (회/60초)	45 이상	44~ 43	42~ 41	40~ 39	38~ 37	36~ 35	34~ 33	32~ 30	29~ 25	25 미만

　㉢ 체력검정의 공정성을 확보하기 위하여 시험결과에 영향을 미칠 수 있는 금지약물의 복용 및 금지방법의 사용은 금지되며, 이를 확인하기 위해 도핑테스트를 실시할 수 있음

④ 제4차 시험 : 면접시험

　※ 응시대상 : 제3차 시험에 합격하고 인성검사에 응시한 사람

❀ 응시자격

① 대한민국 국적 소지자

② 응시연령 : 18세 이상

③ 신체조건

　㉠ 신체가 건강하고 팔다리가 완전할 것

　㉡ 시력(교정시력을 포함한다)은 양쪽 눈이 각각 0.8 이상일 것

④ 응시결격사유 등 : 해당 시험의 면접시험 예정일 기준

　※ 「국가공무원법」 제33조(결격사유) 및 청원경찰법 제10조의6(당연 퇴직) 제3호에 해당되는 사람은 응시할 수 없음

■ 국가공무원법 제33조(결격사유)

다음 각 호의 어느 하나에 해당하는 자는 공무원으로 임용될 수 없다.

1. 피성년후견인
2. 파산선고를 받고 복권되지 아니한 자
3. 금고 이상의 실형을 선고받고 그 집행이 끝나거나(집행이 끝난 것으로 보는 경우를 포함한다) 집행이 면제된 날부터 5년이 지나지 아니한 자
4. 금고 이상의 형을 선고받고 그 유예기간이 끝난 날부터 2년이 지나지 아니한 자
5. 금고 이상의 형의 선고유예를 받은 경우에 그 선고유예 기간 중에 있는 자
6. 법원의 판결 또는 다른 법률에 따라 자격이 상실되거나 정지된 자
6의2. 공무원으로 재직기간 중 직무와 관련하여 「형법」 제355조 및 제356조에 규정된 죄를 범한 자로서 300만원 이상의 벌금형을 선고받고 그 형이 확정된 후 2년이 지나지 아니한 자
6의3. 다음 각 목의 어느 하나에 해당하는 죄를 범한 사람으로서 100만원 이상의 벌금형을 선고받고 그 형이 확정된 후 3년이 지나지 아니한 사람
   가. 「성폭력범죄의 처벌 등에 관한 특례법」 제2조에 따른 성폭력범죄
   나. 「정보통신망 이용촉진 및 정보보호 등에 관한 법률」 제74조제1항제2호 및 제3호에 규정된 죄
   다. 「스토킹범죄의 처벌 등에 관한 법률」 제2조제2호에 따른 스토킹범죄
6의4. 미성년자에 대한 다음 각 목의 어느 하나에 해당하는 죄를 저질러 파면·해임되거나 형 또는 치료감호를 선고받아 그 형 또는 치료감호가 확정된 사람(집행유예를 선고받은 후 그 집행유예기간이 경과한 사람을 포함한다)
   가. 「성폭력범죄의 처벌 등에 관한 특례법」 제2조에 따른 성폭력범죄
   나. 「아동·청소년의 성보호에 관한 법률」 제2조제2호에 따른 아동·청소년 대상 성범죄
7. 징계로 파면처분을 받은 때부터 5년이 지나지 아니한 자
8. 징계로 해임처분을 받은 때부터 3년이 지나지 아니한 자

■ 청원경찰법 제10조의6(당연 퇴직)

3. 나이가 60세가 되었을 때. 다만, 그 날이 1월부터 6월 사이에 있으면 6월 30일에, 7월부터 12월 사이에 있으면 12월 31일에 각각 당연 퇴직된다.

⑤ 주·야간 교대근무 및 임용 즉시 근무가 가능한 사람

❀ 응시원서 접수

① 시험장소, 합격자 발표 등 시험 시행과 관련한 사항은 지방자치단체 인터넷원서 접수센터 및 서울특별시 홈페이지에 공고하며, 시험운영상 시험일정 등은 변경될 수 있음
   ㉠ 인터넷원서 접수센터 : local.gosi.go.kr
   ㉡ 서울특별시 홈페이지 : www.seoul.go.kr
② 체력검정 일정·장소는 시험운영상 변경될 수 있으며, 체력검정 시행방법은 필기시험 합격자 발표 시 별도 공고할 예정임
③ 체력검정 합격자를 대상으로 면접시험일 전에 인성검사를 실시하며, 인성검사에 관한 사항은 체력검정 합격자 발표 시 안내함
   ※ 인성검사에 응시하지 않은 경우, 면접시험에 응시하지 못하며 불합격 처리됨
④ 면접시험 일정·장소는 시험운영상 변경될 수 있으며, 면접시험 시행방법은 체력검정 합격자 발표 시 별도 공고할 예정임

✿ 응시원서 제출(인터넷 제출만 가능)

① **제출방법** : 지방자치단체 인터넷원서접수센터(local.gosi.go.kr)에 접속하여 제출

　　㉠ 원서제출 방법에 관한 사항은 고객센터(☎1522-0660)로 문의

　　㉡ 응시자가 처리단계별 절차에 의하여 입력한 후 반드시 최종 제출된 내역을 확인(응시수수료 결제완료 등) 하여야 하며, 제출 부주의로 인하여 시험에 응시할 수 없을 경우에는 응시자에게 모든 책임이 있음

② **응시수수료** : 5,000원

　　㉠ 응시수수료 외에 수수료 결제방법에 따른 소정의 처리비용(휴대전화 결제, 카드 결제, 계좌이체 비용 등)이 소요됨

　　㉡ 원서 취소기간에 한하여 제출 철회시 응시수수료를 전액 환불함(처리비용 제외)

③ **유의사항**

　　㉠ 기재착오 등으로 인한 불이익은 응시자 본인의 책임임

　　㉡ 필기시험 응시표는 필기시험 장소 공고일부터 출력 가능하며, 지방자치단체 인터넷 원서접수센터(local.gosi.go.kr) 에서 본인이 직접 출력하여야 함

✿ 가산점 적용

① **가산점 적용과 관련한 유의사항**

　　㉠ 가산점을 받고자 하는 자는 원서접수 마감 전까지 해당 요건을 갖추어야 하며, 원서제출시 가산점 적용에 관한 자격정보를 입력하여야 함

　　㉡ 가산점 적용은 각 과목 만점의 40% 이상 득점한 자에 한하여, 각 과목별 득점에 시험과목 만점의 가산비율에 해당하는 점수를 가산함

　　㉢ 무도단증과 자격증은 높은 가산비율의 하나만을 인정하며, 취업지원 대상자는 무도단증 및 자격증 가산점과 합산하여 인정함

　　㉣ 무도단증은 붙임의 단체에서 발급한 단증만 인정함

　　㉤ 자격증 정보를 잘못 기재 또는 누락하는 경우, 불이익을 받을 수 있음

② 가산점 적용대상자 및 가산비율

대상		가산비율	적용범위
무도단증 소지자		2~3단 : 과목별 만점의 3%	필기시험 적용
		4단 이상 : 과목별 만점의 5%	
자격증 소지자	일반경비지도사	과목별 만점의 5%	
	응급구조사	1급 : 과목별 만점의 3%	
		2급 : 과목별 만점의 1%	
취업지원 대상자		과목별 만점의 10% 또는 5%	시험단계별 적용

③ **취업지원대상자** : 원서접수 마감 전까지 취업지원대상자로 지정된 경우에 한함
- ㉠ 「독립유공자예우에 관한 법률」 제16조, 「국가유공자 등 예우 및 지원에 관한 법률」 제29조, 「보훈보상대상자 지원에 관한 법률」 제33조, 「5·18 민주유공자예우 및 단체설립에 관한 법률」 제20조, 「특수임무유공자 예우 및 단체설립에 관한 법률」 제19조에 따른 취업지원대상자 및 「고엽제후유의증 등 환자지원 및 단체설립에 관한 법률」 제7조의9에 따른 고엽제후유의증환자와 그 가족은 각 과목 만점의 40%이상 득점한 자에 한하여, 각 과목별 득점에 각 과목별 만점의 일정 비율(5% 또는 10%)에 해당하는 점수를 가산함
- ㉡ 취업지원대상자 가점을 받아 합격하는 인원은 선발예정인원의 30%를 초과할 수 없음. 단, 응시인원이 선발예정인원과 같거나 그보다 적은 경우에는 그러하지 않음

❋ 응시자 유의사항

① 응시자는 자격 요건(특히 신체조건)의 적합여부를 확인하고 응시원서를 제출하여야 하며, 응시원서 상의 기재착오 또는 누락, 연락불능, 부적격자의 응시 등으로 인한 일체의 불이익은 응시자 본인 책임으로 함
② 접수마감 이후 응시원서 상의 내용을 변경할 수 없고, 제출서류 중 추후 허위사실 발견 시, 추후 응시자격이 충족되지 않거나 임용결격자로 확인될 경우에는 합격 또는 임용을 취소할 수 있음
③ 체력검정 합격자를 대상으로 면접시험 전 인성검사를 실시하며 인성검사에 관한 자세한 사항은 체력검정 합격자 발표 시 안내함(인성검사 불참 시 면접시험에 응시하지 못하며 불합격 처리됨)
④ 최종합격자로 결정되더라도 공무원 채용 신체검사 규정에 의한 신체검사 결과 응시자격(신체조건)에 미달되거나 불합격 판정을 받은 경우와 청원경찰법 제5조의 규정 등에 의하여 임용승인(승인기관 : 서울특별시경찰청)이 되지 않을 경우 합격을 취소함

⑤ 합격자 중 임용불가자(임용포기자, 임용승인 거부자 등) 발생시, 최종합격자 발표일로부터 6개월 이내에 추가합격자를 결정할 수 있으며 별도 공고를 진행하지 않습니다. 바. 임용은 결원 발생에 따라 합격순위 순서대로 순차적으로 임용

⑥ 체력검정 시 안전사고 예방을 위하여 평소 충분한 연습을 하여 주시기 바라며, 체력검정으로 인한 각종 사고에 대해서는 응시자 본인의 책임으로 하고, 시험 주관 측에서는 어떠한 책임도 지지 않음.

　※ 체력검정 시 복장은 자유롭게 선택 가능(단, 위화감이나 혐오감을 주는 복장 불가)하고 스파이크 착용은 가능하나, 체육시험에 영향을 미치는 보조장구(기구)는 착용 불가

⑦ 본 시험계획은 기관 사정에 따라 변경될 수 있으며, 변경된 사항은 서울시 홈페이지에 게시할 예정이니 수시로 확인 바람

　※ 체력검정시험 당일 우천 시, 08:00까지 서울시 홈페이지에 별도의 안내가 없을 경우 정상적으로 시험 실시

⑧ 기타 궁금하신 사항은 서울시 인사과(전화 02-2133-5745)로 문의하시기 바랍니다.

Structure

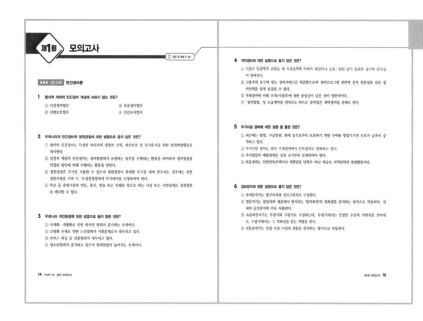

나양한 문제를 모의고사 형식으로 수록하였습니다. 다양한 난도와 유형의 문제들로 연습하여 확실하게 대비할 수 있습니다.

정답 및 해설

매 문제 상세한 해설을 달아 문제풀이만으로도 개념학습이 가능하도록 하였습니다. 문제풀이와 함께 이론정리를 함으로써 완벽하게 학습할 수 있습니다.

Contents

PART

01 실전 모의고사

▶▶▶ 제1과목 **민간경비론**

1 형식적 의미의 민간경비 개념에 속하지 않는 것은?

① 시설경비업무
② 호송경비업무
③ 신변보호업무
④ 민간조사업무

2 우리나라의 민간경비와 청원경찰에 대한 설명으로 옳지 않은 것은?

① 협의의 민간경비는 특정한 의뢰자의 생명과 신체, 재산보호 및 질서유지를 위한 범죄예방활동을 의미한다.
② 실질적 개념의 민간경비는 경비업법에서 규정하는 업무를 수행하는 활동을 의미하며 경비업법상 인정된 법인에 의해 수행되는 활동을 말한다.
③ 청원경찰은 무기를 사용할 수 있으며 청원경찰이 휴대할 무기를 대여 받으려는 경우에는 관할 경찰서장을 거쳐 시·도경찰청장에게 무기대여를 신청하여야 한다.
④ 학교 등 육영시설과 언론, 통신, 방송 또는 인쇄를 업으로 하는 시설 또는 사업장에도 청원경찰을 배치할 수 있다.

3 우리나라 치안환경에 대한 설명으로 옳지 않은 것은?

① 국제화·개방화로 인한 외국인 범죄가 증가하는 추세이다.
② 고령화 추세로 인한 노인범죄가 사회문제로서 대두되고 있다.
③ 보이스 피싱 등 신종범죄가 대두되고 있다.
④ 청소년범죄가 증가하고 있으며 범죄연령이 높아지는 추세이다.

4 계약경비에 대한 설명으로 옳지 않은 것은?

① 시설주 입장에서 보았을 때 자체경비에 비하여 해임이나 감원·충원 등이 필요한 경우에 탄력성이 떨어진다.

② 고용주의 요구에 맞는 경비서비스를 제공함으로써 경비프로그램 전반에 걸쳐 전문성을 갖춘 경비인력을 쉽게 공급할 수 있다.

③ 자체경비에 비해 조직(시설주)에 대한 충성심이 낮은 것이 일반적이다.

④ 「경비업법」상 도급계약을 원칙으로 하므로 경비업은 계약경비를 전제로 한다.

5 주거시설 경비에 대한 설명 중 틀린 것은?

① 최근에는 방범, 구급안전, 화재 등으로부터 보호하기 위한 주택용 방범기기의 수요가 급속히 증가하고 있다.

② 주거시설 경비는 점차 기계경비에서 인력경비로 변화하고 있다.

③ 주거침입의 예방대책은 건축 초기부터 설계되어야 한다.

④ 타운경비는 일반단독주택이나 개별빌딩 단위가 아닌 대규모 지역단위의 방범활동이다.

6 경보장치에 대한 설명으로 옳지 않은 것은?

① 자석감지기는 영구자석과 리드스위치로 구성된다.

② 열감지기는 침입자의 체온에서 방사되는 '원적외선'의 변화량을 감지하는 방식으로 작동되며, 실내의 공간감지에 주로 사용된다.

③ 초음파감지기는 투광기와 수광기로 구성되는데, 투광기에서는 일정한 수준의 적외선을 쏘아내고, 수광기에서는 그 적외선을 받는 역할을 한다.

④ 진동감지기는 일정 수준 이상의 진동을 감지하는 방식으로 작동한다.

7 다음 국가중요시설의 분류기준에 대한 설명으로 맞는 것은?

① 가급 – 중앙부처장 또는 시·도시사가 필요하다고 지정한 행정 및 산업시설
② 나급 – 국가보안상 국가경제·사회생활에 중대한 영향을 끼치는 산업시설
③ 다급 – 국방·국가기간산업 등 국가의 안전보장에 고도의 영향을 미치는 행정시설
④ 라급 – 국가보안상 국가경제·사회생활에 중요하다고 인정되는 행정 및 산업시설

8 컴퓨터 범죄의 수법과 설명이 바르게 연결되지 않은 것은?

① 함정문(Trap Door) – 컴퓨터 시험가동을 이용한 정상작업을 가장하면서 실제로는 컴퓨터를 범행 도구로 이용하는 수법
② 트로이목마(Trojan Horse) – 프로그램 속에 범죄자만 아는 명령문을 삽입하여 이용하는 수법
③ 쓰레기 줍기(Scavenging) – 전 사용자의 내용을 메모리에서 꺼내 보는 것
④ 논리폭탄(Logic Bomb) – 컴퓨터의 일정한 사항이 작동시마다 부정행위가 일어날 수 있도록 프로 그램을 조작하는 수법

9 컴퓨터 범죄의 유형 중 컴퓨터 부정조작의 종류가 아닌 것은?

① 프로그램조작
② 콘솔조작
③ 입출력조작
④ 데이터파괴조작

10 우리나라의 민간경비산업 현황과 발전방안에 관한 설명으로 옳은 것은?

① 민간경비의 수요와 시장규모가 일부 지역에 편중된 경향이 있다.
② 최근에는 기계경비를 배제하고, 인력경비를 중심으로 변화하면서 민간경비의 질적 향상이 도모 되고 있다.
③ 청원경찰과 민간경비의 일원적 운용으로 인해 다양한 문제점들이 발생되고 있다.
④ 민간경비업 감소의 한 요인으로 경찰 및 교정업무의 민영화 추세를 들 수 있다.

11 다음은 청원경찰법에 대하여 설명한 것이다. 옳은 것은?

① 업무처리 및 자체경비를 하는 소내 근무자는 근무 중 특이한 사항이 발생하였을 때에는 지체없이 청원주와 관할 경찰서장에게 보고하고 그 지시에 따라야 한다.

② 순찰근무자는 청원주 또는 관할 경찰서장이 지정한 일정한 구역을 순회하면서 경비 임무를 수행한다.

③ 청원경찰의 제복·장구 및 부속물에 관하여 필요한 사항은 대통령령으로 정한다.

④ 청원경찰(국가기관이나 지방자치단체에 근무하는 청원경찰은 제외한다)의 직무상 불법행위에 대한 배상책임에 관하여는 「민법」의 규정을 따른다.

12 청원주가 비치해야 할 문서와 장부가 아닌 것은?

① 무기·탄약 대여대장

② 청원경찰 명부

③ 신분증명서 발급대장

④ 무기장비 운영카드

13 청원경찰의 배치에 관한 설명으로 틀린 것은?

① KBS와 같은 언론사는 청원경찰의 배치대상이 되는 시설에 해당된다.

② 청원경찰의 배치를 받고자 하는 자는 청원경찰 배치신청서를 사업장 소재지 관할 경찰서장을 거쳐 시·도경찰청장에게 제출하여야 한다.

③ 청원경찰의 배치장소가 2 이상의 도인 때에는 주된 사업장의 관할 경찰서장을 거쳐 관할 시·도경찰청장에게 한꺼번에 신청할 수 있다.

④ 청원경찰의 배치를 받고자 하는 자는 청원경찰 배치신청서에 경비구역 평면도 1부 또는 배치계획서 1부를 첨부하여야 한다.

14 지방자치단체에 근무하는 청원경찰의 직무상 불법행위에 대한 배상책임의 근거법은?

① 국가배상법 ② 지방자치법

③ 청원경찰법 ④ 민법

15 청원경찰의 교육에 관한 설명으로 옳지 않은 것은?

① 청원주는 청원경찰에 임용된 자에 대하여 경비구역에 배치하기 전에 경찰교육기관에서 직무상 필요한 교육을 받게 하여야 한다.

② 경찰공무원 또는 청원경찰에서 퇴직한 자가 퇴직한 날로부터 3년 이내에 청원경찰로 임용된 때에는 교육을 면제할 수 있다.

③ 청원경찰의 신임교육의 기간은 4주간으로 한다.

④ 청원주는 소속 청원경찰에게 그 직무집행에 필요한 교육을 매월 4시간 이상 하여야 한다.

16 다음 중 청원경찰의 당연퇴직사유에 해당하는 것은?

① 청원경찰이 만 55세 달한 때

② 청원주가 청원경찰이 배치된 시설을 축소하여 청원경찰의 비치인원을 감축한 경우

③ 청원주가 청원경찰이 배치된 시설을 폐쇄하여 청원경찰의 배치를 폐지한 때

④ 청원경찰이 견책처분을 받은 때

17 청원주가 부담해야 하는 청원경찰경비가 아닌 것은?

① 청원경찰의 피복비

② 청원경찰의 교육비

③ 청원경찰의 의료비

④ 청원경찰에게 지급할 봉급 및 각종 수당

18 다음 설명 중 옳지 않은 것은?

① 청원경찰의 임용자격, 임용방법, 교육, 보수에 관하여는 대통령령으로 정한다.

② 청원경찰이 퇴직한 때에는 원칙적으로 「근로자퇴직급여 보장법」의 규정에 의한 퇴직금을 지급해야 한다.

③ 청원경찰경비의 봉급 등의 최저부담기준액이나 피복비, 교육비의 부담기준액은 행정안전부장관이 정하여 고시한다.

④ 시 · 도경찰청장은 청원경찰의 배치신청을 받은 때에는 지체없이 그 배치여부를 결정하여 신청인에게 알려야 한다.

19 청원경찰의 신분 및 근무 등에 관한 설명으로 옳지 않은 것은?

① 청원경찰은 형법이나 그 밖의 법령에 따른 벌칙을 적용할 때에는 공무원으로 본다.

② 청원경찰은 형의 선고, 징계처분 또는 신체상 · 정신상의 이상으로 직무를 감당하지 못할 때를 제외하고는 그 의사에 반하여 면직되지 아니한다.

③ 청원경찰이 직무를 수행할 때 직권을 남용하여 국민에게 해를 끼친 경우에는 6개월 이하의 징역이나 금고에 처한다.

④ 국가기관에 근무하는 청원경찰의 직무상 불법행위에 대한 배상책임에 관하여는 민법의 규정을 적용해야 한다.

20 청원경찰의 보상금 지급사유가 아닌 것은?

① 청원경찰이 직무수행으로 인하여 부상을 입은 경우

② 청원경찰이 직무수행으로 인하여 질병에 걸린 경우

③ 청원경찰이 직무수행으로 인하여 사망한 경우

④ 청원경찰이 직무상의 부상으로 인하여 퇴직 후 3년 이내에 사망한 경우

1 삼국의 성립에 대한 설명으로 옳은 것은?

① 초기의 고구려는 졸본성에서 주변 소국을 통합하고, 국내성으로 도읍을 옮기며 성장하였다.
② 초기의 백제는 지배층인 한강 유역의 토착민과 피지배층인 고구려 계통의 북방 유이민의 결합으로 성립되었다.
③ 초기의 신라는 박·석·김의 세 집단의 합의를 통해 왕을 추대하고, 주요 집단들의 독자적 세력을 억압하면서 발전하였다.
④ 초기의 가야는 낙동강 하류 변한지역에서 청동기 문화를 토대로 농업생산력이 증대되어 등장한 정치집단들에 의해 성립되었다.

2 다음의 각 항을 연대순으로 옳게 연결한 것은?

㉠ 계해약조	㉡ 3포의 개항
㉢ 을묘왜변	㉣ 쓰시마정벌
㉤ 사량진왜변	

① ㉠－㉡－㉢－㉣－㉤
② ㉡－㉣－㉠－㉢－㉤
③ ㉢－㉤－㉡－㉠－㉣
④ ㉣－㉡－㉠－㉤－㉢

3 다음 중 고려의 수취제도에 대한 설명으로 옳은 것은?

① 어민과 상인은 수취에서 제외되었다.
② 조세는 비옥도에 관계없이 면적에 따라 징수하였다.
③ 지방에서 거둔 조세는 조운을 통해 개경으로 옮겨졌다.
④ 국가가 백성의 노동력을 동원할 때에는 반드시 대가를 지불하였다.

4 다음에서 발해 사회의 모습을 바르게 설명한 것으로만 골라 묶으면?

> ㉠ 말갈인은 지배층에 편입되지 않았다.
> ㉡ 지배층은 주로 고구려계 사람들로 구성되어 있었다.
> ㉢ 주민 구성의 대다수를 차지한 것은 말갈인이었다.
> ㉣ 하층사회에서는 고구려 사회의 전통적인 생활모습이 보존되지 못했다.

① ㉠, ㉡
② ㉠, ㉢
③ ㉡, ㉢
④ ㉢, ㉣

5 다음 중 조선시대 가족제도의 설명으로 옳은 것은?

> ㉠ 장자상속제
> ㉡ 여성의 재가 허용
> ㉢ 남존여비
> ㉣ 적서차별
> ㉤ 엄격한 족외혼
> ㉥ 가부장적 가족사회

① ㉠, ㉡, ㉢
② ㉠, ㉢, ㉣, ㉤
③ ㉠, ㉢, ㉣, ㉤, ㉥
④ ㉠, ㉡, ㉢, ㉣, ㉤, ㉥

6 다음 중 고구려 문화의 영향을 받은 나라를 모두 고르면?

> ㉠ 백제
> ㉡ 신라
> ㉢ 발해
> ㉣ 일본

① ㉠
② ㉠, ㉡
③ ㉠, ㉡, ㉢
④ ㉠, ㉡, ㉢, ㉣

7 다음은 고려시대 어느 승려의 사상을 요약해 놓은 것이다. 이 승려에 관한 설명으로 옳은 것은?

> - 선(禪)은 부처의 마음이요, 교(敎)는 부처의 말씀이다.
> - 깨닫는 것(悟)과 수련하는 것(修)은 분리될 수 없으며, 정(定)과 혜(慧) 또한 같이 닦아야 한다.

① 교종의 입장에서 선·교의 일치를 도모하였다.
② 선·교의 일치를 강조하는 중국 불교의 전통을 따랐다.
③ 당시 정권에 비협조적인 태도로 일관하여 집권세력과 심각한 갈등을 빚었다.
④ 신앙결사운동을 전개하였고, 그의 문하에서 유·불 사상의 일치설이 나왔다.

8 조선시대 의궤에 대한 설명으로 옳지 않은 것은?

① 왕실의 행사에 사용된 도구, 복식 등을 그림으로 남겨 놓았다.
② 이두와 차자(借字) 및 우리의 고유한 한자어(漢字語) 연구에도 귀중한 자료이다.
③ 왕실 혼례와 장례, 궁중의 잔치, 국왕의 행차 등 국가의 중요한 행사를 기록하였다.
④ 프랑스 국립도서관에는 신미양요 때 프랑스군이 약탈해 간 어람용 의궤가 소장되어 있다.

9 조선시대의 사상에 대한 설명으로 옳은 것은?

① 정도전은 성리학에만 국한하지 않고 다양한 사상을 포용하였으며, 특히 「춘추」를 국가의 통치 이념으로 중요하게 여겼다.
② 이황은 16세기 조선사회의 모순을 극복하는 방안으로 통치 체제의 정비와 수취제도의 개혁 등을 주장하였다.
③ 18세기에는 인간과 사물의 본성이 다르다고 주장하는 호론과, 이를 같다고 주장하는 낙론 사이에서 논쟁이 벌어졌다.
④ 유형원과 이익의 사상을 계승한 김정희는 토지제도 개혁론을 비롯하여 많은 저술을 남겼다.

10 다음과 같은 열강의 경제침탈에 대응하여 일어난 우리의 저항 운동은?

> 일본은 우리 정부로 하여금 차관을 도입하게 하는 한편, 화폐정리업무까지 담당하여 대한제국의 금융을 장악하였다.

① 방곡령 선포   ② 만민공동회 개최
③ 상회사의 설립   ④ 국채보상운동 전개

11 다음 중 2030년까지 확립해야 할 서울시의 미래상에 해당하지 않는 것은?

① 상생도시   ② 행복도시

③ 안심도시   ④ 미래감성도시

12 다음 중 서울시 기후동행카드 중 따릉이가 포함된 카드의 가격은?

① 52,000원   ② 55,000원

③ 62,000원   ④ 65,000원

13 서울시가 2025년부터 자녀출산 무주택가구에 매월 지원하는 주거비의 금액은?

① 20만 원   ② 30만 원

③ 50만 원   ④ 100만 원

14 정부의 대규모 재정 지원이 투입되는 신규 사업에 대해 정책적 · 경제적으로 검토하여 사업성을 판단하는 제도는?

① 마타도어   ② 매니페스토

③ 예산회계법   ④ 예비타당성조사

15 경제주체들이 돈을 움켜쥐고 시장에 내놓지 않는 상황을 가리키는 용어는?

① 디플레이션   ② 피구 효과

③ 톱니 효과   ④ 유동성 함정

16 필리버스터의 설명으로 옳지 않은 것은?

① 의회 안에서 다수파의 독주를 막기 위하여 불법적 수단으로 의사 진행을 지연시키는 무제한 토론을 말한다.

② 우리나라에서는 국회의원 발언시간에 제한을 두는 규정을 설정하였다.

③ 본회의에 부의된 안건에 대해 무제한 토론을 하려는 경우 재적의원 3분의 1 이상의 요구서를 의장에게 재출해야 한다.

④ 무제한 토론은 1인당 1회에 한해 토론할 수 있다.

17 ASEAN에 대한 설명으로 옳지 않은 것은?

① 부분 대화상대국으로는 한국, 미국, 일본을 포함한 11개국이 있다.

② 동남아시아 국가 간 상호협력 증진을 위한 국제기구이다.

③ 동남아시아의 국제 정세가 급변함에 따라 공동 대응의 필요성이 거론되면서 결성되었다.

④ 경제·문화 등 비정치적인 분야에 대해 협력할 뿐만 아니라 정치·경제 분야의 협력도 강화되었다.

18 팍스 시니카(Pax Sinica)는 무엇을 의미하는가?

① 미국의 지배에 의한 세계평화

② 미·소 간의 새로운 세계평화 질서 확립

③ 중국이 주도하는 세계평화

④ 세계 곡물 수출을 통한 미국의 경제부흥

19 에볼라 바이러스에 대한 설명으로 옳은 것은?

① 돼지에서 기원한 인플루엔자 A 바이러스에 의한다. 바이러스는 감염된 환자의 호흡기로부터 기침, 재채기 등에 의해 감수성이 있는 다른 사람의 호흡기를 통하여 전파되며, 인자는 H1N1 70℃에서 사멸된다.

② 사스와 유사한 바이러스로 고열, 기침, 호흡곤란 등 심한 호흡기 증상을 일으키고 급성 신부전증을 동반하는 것이 특징이다. 치사율도 사스보다 6배가량 높은 바이러스이다.

③ 야생 들쥐의 배설물이 건조되면서 호흡기를 통해 전파되며, 신장에 감염되어 염증과 함께 급성 출혈을 일으킨다.

④ 급성 열성감염을 일으키는 바이러스로 감염에 의한 열성 질환은 갑작스러운 두통과 근육통, 발열이 발생한 후 전신 무력감과 허탈, 피부 발진, 저혈압, 그리고 흔히 전신성 출혈로 진행하며 사망률이 약 60%에 이르는 중증 감염병이다.

20 지구온난화의 원인인 온실효과를 일으키는 가장 주된 물질은?

① 프레온가스 　　　　　　② 이산화탄소
③ 질소산화물 　　　　　　④ 오존

정답 및 해설 P. 94

▶▶▶ 제1과목 **민간경비론**

1 민간경비와 공경비에 관한 내용으로 옳지 않은 것은?

① 민간경비와 공경비의 영역이 뚜렷하고 확실하게 구분되는 것은 아니다.
② 범죄와 관련한 치안서비스를 제공한다는 점에서 민간경비와 공경비의 역할은 유사하다.
③ 민간경비와 공경비 모두 의뢰자로부터 받은 대가 내지 보수만큼만 자신의 역할과 기능을 수행한다.
④ 사회가 다원화되면서 민간경비의 중요성이 강조되고 있다.

2 아래 글에서 설명하는 민간경비 발전에 대한 이론은?

> 경찰이 수행하고 있는 경찰 본연의 기능이나 역할을 민간경비가 보완하거나 대체하면서 민간경비가 성장 했다.

① 치안서비스 공동생산이론
② 공동화이론
③ 이익집단이론
④ 수익자부담이론

3 우리나라 민간경비의 역사적 발전과정을 순서대로 나열한 것은?

> ㉠ 「청원경찰법」 제정　　　　　　　　㉡ 사단법인 한국경비협회 설립
> ㉢ 「용역경비업법」 제정　　　　　　　㉣ 「경비업법」 개정으로 특수경비업무 추가

① ㉠-㉡-㉣-㉢　　　　　　　　　　② ㉡-㉠-㉣-㉢
③ ㉠-㉢-㉡-㉣　　　　　　　　　　④ ㉡-㉢-㉠-㉣

4 국내 치안여건의 변화 중 정책실패에 관련한 것들로만 바르게 짝지어진 것은?

> ㉠ 비효율적인 세금 배정
> ㉡ 집값의 상승
> ㉢ 경찰인력의 부족
> ㉣ 미흡한 환율정책
> ㉤ 고르지 못한 지방 발전으로 인한 과도한 도시화의 진행

① ㉠㉡　　　　　　　　　　　　　② ㉠㉢㉣
③ ㉡㉢㉣　　　　　　　　　　　　④ ㉢㉣㉤

5 경비업무의 유형에 관한 설명으로 옳지 않은 것은?

① 순찰경비는 도보나 차량을 이용하여 정해진 노선을 따라 시설물의 상태를 점검하는 것이다.
② 상주경비는 중요산업시설, 상가, 학교와 같은 시설에 근무하면서 경비를 실시하는 것이다.
③ 인력경비는 기계경비에 비해 사건 발생 시 현장에서 신속하게 대처하기가 곤란하다.
④ 기계경비는 경비대상시설에 설치한 기기에 의하여 감지·송신된 정보를 관제시설의 기기로 수신하여 도난·화재 등 인적·물적인 가치를 보호하는 것이다.

6 기계경비시스템의 기본요소에 해당되지 않는 것은?

① 불법침입에 대한 감지
② 침입정보의 전달
③ 침입행위의 대응
④ 침입자의 체포

7 화재유형별 분류와 소화기 표시색의 연결이 옳지 않은 것은?

① A급 - 일반화재 - 백색
② B급 - 유류화재 - 황색
③ C급 - 전기화재 - 적색
④ D급 - 금속화재 - 무색

8 컴퓨터 시스템 안전대책 중 관리적 대책이 아닌 것은?

① 엑세스제도 도입
② 레이블링 관리
③ 스케줄러 점검
④ 감시증거기록 삭제

9 경비업법령상 경비지도사의 직무와 준수사항으로서 월 1회 이상 수행하여야 하는 직무에 해당하지 않는 것은?

① 경비원의 지도 · 감독 · 교육에 관한 계획의 수립 · 실시 및 그 기록의 유지
② 경비현장에 배치된 경비원에 대한 순회점검 및 감독
③ 경찰기관 및 소방기관과의 연락방법에 대한 지도 및 감독
④ 기계경비지도사의 경우 오경보방지 등을 위한 기기관리의 감독

10 감시시스템 장치인 CCTV는 무엇의 줄임말인가?

① Closed Cycle Television
② Closed Circle Television
③ Closed Circuit Television
④ Closed Construction Television

11 청원경찰법령에 관한 설명으로 옳지 않은 것은?

① 청원경찰법은 청원경찰의 직무·임용·배치·보수·사회보장 및 그 밖에 필요한 사항을 규정함으로써 청원경찰의 원활한 운영을 목적으로 한다.

② 청원경찰은 청원주가 경비(經費)를 부담할 것을 조건으로 사업장 등의 경비(警備)를 담당하게 하기 위하여 배치하는 경찰을 말한다.

③ 청원경찰의 직무상 불법행위에 대한 배상책임에 관하여는 「경찰관 직무집행법」의 규정을 따른다.

④ 청원경찰은 형의 선고, 징계처분 또는 신체상·정신상의 이상으로 직무를 감당하지 못할 때를 제외하고는 그 의사에 반하여 면직되지 아니한다.

12 청원경찰의 당연퇴직 사유에 해당하지 않는 것은? (다툼이 있으면 판례에 따름)

① 파산선고를 받고 복권되지 아니한 경우

② 법원의 판결 또는 다른 법률에 따라 자격이 상실되거나 정지된 경우

③ 금고 이상의 형의 선고유예를 받은 경우에 그 선고유예 기간 중에 있는 경우

④ 「청원경찰법」 제10조의5에 따라 청원경찰의 배치가 폐지되었을 때

13 청원주는 소속 청원경찰에게 그 직무집행에 필요한 교육을 매월 몇 시간 이상 하여야 하는가?

① 3시간   ② 4시간

③ 5시간   ④ 6시간

14 국가 또는 지방자치단체의 기관이 아닌 사업장의 청원주가 산업재해보상보험법에 의한 산업재해보상보험에 가입한 경우에 청원경찰이 직무수행 중의 부상으로 인하여 퇴직하였다면 다음 중 옳은 것은?

① 청원주는 산업재해보상보험법에 의하여 보상금을 지급하여야 하고, 근로자퇴직급여 보장법의 규정에 의한 퇴직금을 지급하여야 한다.
② 청원주는 근로기준법의 규정에 의한 보상금과 국가공무원법에 의한 퇴직금을 지급하여야 한다.
③ 청원주는 근로기준법의 규정에 의한 퇴직금만 지급하면 된다.
④ 청원주는 근로기준법의 규정에 의한 보상금과 퇴직금을 지급하여야 한다.

15 무기 및 탄약을 지급받은 청원경찰이 준수해야 할 사항은?

① 별도의 지시가 없는 한 무기와 탄약을 분리하여 휴대한다.
② 무기를 타인에게 보관시킬 수 없으나, 손질은 의뢰할 수 있다.
③ 근무시간 이후에는 다음 근무시간까지 자신만이 아는 비밀스런 장소에 보관해 두어야 한다.
④ 무기를 손질하거나 조작할 때에는 반드시 총구가 지면을 향하도록 해야 한다.

16 청원경찰의 징계에 관한 설명으로 옳지 않은 것은?

① 청원경찰의 징계권자는 청원주이다.
② 감봉은 1개월 이상 3개월 이하로 하고, 그 기간에 보수의 3분의 1를 줄인다.
③ 청원경찰에 대한 징계의 종류는 파면, 해임, 정직, 감봉, 견책이 있다.
④ 청원주는 청원경찰의 배치결정통지를 받은 때에는 그 날로부터 30일 이내에 청원경찰에 대한 징계규정을 제정하여 관할 시·도경찰청장에게 신고하여야 한다.

17 청원주가 부담하지 않아도 되는 경비는?

① 청원경찰의 봉급 및 각종 수당
② 청원경찰의 교육비
③ 청원경찰의 피복비
④ 직무상 부상으로 인하여 퇴직 후 2년 이후에 사망한 자에 대한 보상금

18 청원경찰의 무기휴대에 관한 사항 중 옳지 않은 것은?

① 청원경찰이 휴대할 무기를 대여받으려는 경우에는 관할 경찰서장을 거쳐 시·도경찰청장에게 무기대여를 신청하여야 한다.
② 청원경찰은 별도의 허가를 받지 아니하고도 분사기를 휴대할 수 있다.
③ 청원경찰에게 무기를 대여한 경우에 관할 경찰서장은 청원경찰의 무기관리 상황을 수시로 점검하여야 한다.
④ 청원주는 경찰청장이 청하는 바에 의하여 매월 무기 및 탄약의 관리실태를 파악하여 다음 달 3일까지 관할 경찰서장에게 통보하여야 한다.

19 국가기관이나 지방자치단체에 근무하는 청원경찰 본인의 의사에도 불구하고 휴직을 명하여야 하는 경우가 아닌 것은?

① 국외유학을 하게 된 때
② 신체·정신상의 장애로 장기 요양이 필요할 때
③ 천재지변 등의 사유로 소재가 불명확하게 된 때
④ 병역법에 따른 병역 복무를 마치기 위하여 소집된 때

20 청원경찰의 근무요령에 관한 설명으로 옳은 것은 모두 몇 개인가?

- 대기근무자는 소내근무에 협조하거나 휴식하면서 불의의 사고에 대비한다.
- 순찰근무자는 청원주가 지정한 일정한 구역을 순회하면서 경비 임무를 수행한다. 이 경우 순찰은 단독 또는 복수로 정선순찰을 하되, 청원주가 필요하다고 인정할 때에는 요점순찰 또는 난선순찰을 할 수 있다.
- 소내근무자는 근무 중 특이한 사항이 발생하였을 때에는 지체 없이 청원주 또는 관할 경찰서장에게 보고하고 그 지시에 따라야 한다.
- 입초근무자는 경비구역의 정문이나 그 밖의 지정된 장소에서 경비구역의 내부, 외부 및 출입자의 움직임을 감시한다.

---

① 1개   ② 2개

③ 3개   ④ 4개

1 다음 중 고려초기의 기인제도에 대한 설명으로 옳지 않은 것은?

① 신라말의 상수리제도에 그 기원을 둔 것이라 할 수 있다.

② 기인은 주서시대에 와서도 그 용어 자체가 남아 고려시대와 같은 임무를 맡았다.

③ 고려초 지방향리세력의 통제를 위하여 실시한 것이다.

④ 향리의 자제를 인질로 삼아 수도에 머물게 하고 그 지방에 대한 고문으로 세운 자를 기인이라 한다.

2 다음 중 임진왜란 직후 그 영향으로 나타난 현상이 아닌 것은?

① 일본문화의 발전   ② 당백전의 발행

③ 신분제도의 동요   ④ 북방 여진족의 급속한 성장

3 다음 중 고려시대와 조선시대 토지제도의 공통점으로 옳은 것은?

① 공·사전을 막론하고 수확량의 2분의 1을 전세로 바쳤다.

② 국유를 원칙으로 하고 공전과 사전으로 구분하였다.

③ 5품 이상의 고관에게는 별도의 토지를 지급하였다.

④ 조선시대에만 향리에게 외역전을 지급했다.

4 다음 중 신라 말기의 사회상을 가장 잘 설명한 것은?

① 서남해안을 중심으로 성장한 해상세력은 사적으로 당·일본과 무역하였다.

② 중앙의 진골귀족 세력들은 골품제도의 관념에서 벗어나 호족들과의 연결을 모색하였다.

③ 지방 호족은 촌주 출신으로 진골귀족은 아니기 때문에 쉽게 지방세력을 규합하였다.

④ 진골 귀족들은 당에 유학한 지식인들의 건의를 환영했지만 왕실은 이를 배격하였다.

5 조선시대의 사회시설과 정책에 대한 설명이 옳지 않은 것은?

① 정부는 농민생활의 안정을 위해 의창, 상평창 등의 환곡제를 실시하였다.
② 동·서 대비원은 유랑자의 수용과 구출을 담당하였다.
③ 혜민국은 수도권의 서민환자의 구제를 담당하였다.
④ 형법은 민법이 기본법이며 대명률을 적용한다.

6 다음 중 통일신라의 문화에 대한 내용으로 옳은 것은?

① 원효는 불교 이해의 기준을 확립하였다.
② 최치원은 「화랑세기」 등을 통해 독자적 작품경향을 나타내었다.
③ 풍수지리사상의 유행으로 신라 정부의 권위는 강화되었다.
④ 도교와 노장사상의 유행으로 귀족들은 더욱 향락적인 생활을 하였다.

7 다음 중 고려시대 건축물과 그 특징이 바르게 연결되지 않은 것은?

① 부석사 무량수전 – 주변 자연과의 조화로운 외관으로 유명하다.
② 성불사 응진전 – 고려시대 주심포식 건물의 대표적인 예이다.
③ 안동 봉정사 극락전 – 현재 남아있는 가장 오래된 목조건물이다.
④ 수덕사 대웅전 – 백제 계통의 목조건축 양식을 이은 건물이다.

8 다음 글과 관련된 시기의 문화에 대한 설명으로 옳지 않은 것은?

> 농서를 참조하여 시기에 앞서서 미리 조치하되, 너무 이르게도 너무 늦게도 하지 말고, 다른 부역을 일으켜서 그들의 농사시기를 빼앗을 수도 없는 것이니 각각 자신의 마음을 다하여 백성들이 근본에 힘쓰도록 인도하라.
>
> 「세종실록」

① 그림을 그려 설명을 붙인 윤리서 삼강행실도를 간행하였다.

② 측우기, 자격루, 양부일구 등 농업과 관련된 기구들이 발명, 제작되었다.

③ 팔도도, 조선방역지도 등의 지도가 편찬되었다.

④ 한글이 창제되었으며 훈민정음을 반포하였다.

9 흥선대원군이 다음과 같은 개혁정책을 추구하였던 궁극적인 목적은?

> ㉠ 양반에게도 군포를 부과, 징수하는 호포법을 실시하였다.
> ㉡ 「대전회통」, 「육전조례」 등을 편찬하여 법치질서를 재정비하였다.
> ㉢ 비변사 기능을 축소하고 의정부 기능을 강화하였으며 삼군부를 부활시켰다.
> ㉣ 붕당의 근거지로 백성을 수탈해 온 600여개소의 서원을 철폐하였다.

① 부족한 국가의 재정기반을 확대함이 목적이었다.

② 지배층의 수탈을 억제하여 민생을 보호함이 목적이었다.

③ 문란한 기강을 바로 잡아 왕권을 재확립함에 있었다.

④ 열강의 침략을 대비하기 위해 국방을 강화함에 있었다.

10 다음의 독립운동단체 결성 시기를 순서대로 바르게 나열한 것은?

〈보기〉

㉠ 조선의용대   ㉡ 의열단
㉢ 참의부   ㉣ 대한광복회
㉤ 근우회

① ㉠－㉡－㉢－㉣－㉤
② ㉡－㉢－㉤－㉠－㉣
③ ㉢－㉣－㉤－㉡－㉠
④ ㉣－㉡－㉢－㉤－㉠

11 서울시가 확립해야 할 4대 미래상 중 글로벌 선도도시의 전략목표가 아닌 것은?

① 산업융합혁신도시   ② 창업성장도시

③ 열린공정상생도시   ④ 아시아경제 허브도시

12 다음 중 서울시가 추진하고 있는 디자인서울 2.0의 원칙을 모두 고르면?

㉠ 공감	㉡ 행복
㉢ 포용	㉣ 공헌
㉤ 회복	㉥ 지속 가능

① ㉠㉡㉢㉤   ② ㉠㉢㉣㉤

③ ㉠㉢㉣㉤㉥   ④ ㉠㉡㉢㉣㉤㉥

13 손목닥터9988에 대한 설명으로 틀린 것은?

① 전용 앱을 통해 건강 활동을 지원하는 서울형 헬스케어 프로그램이다.

② 2030년까지 손목닥터9988을 통해 스스로 건강을 관리하는 시민 건강도시 조성을 목표로 하고 있다.

③ 손목닥터9988과 함께 건강관리하면서 최대 10만 포인트를 쌓을 수 있다.

④ 포인트는 손목닥터9988 서울페이머니로 전환하여 병원, 약국, 주류, 편의점 등 서울페이 가맹점에서 사용 가능하다.

14 국민연금을 의무적으로 가입해야 하는 나이는?

① 만 18세   ② 만 19세

③ 만 20세   ④ 만 21세

15 NPT에 대한 설명으로 바르지 않은 것은?

① 핵무기 보유국은 핵무기나 기폭 장치 또는 그에 대한 관리를 제3국에 양도하지 않을 것을 약속한다.

② 조약상 핵을 보유하고 있지 않은 국가가 정당한 대가를 지불한다면 핵무기를 판매하는 것이 허용된다.

③ 국제사회의 핵무기 확산을 적극 억제하는 역할을 한다.

④ NPT에서 핵보유국으로 인정받지는 못하지만 사실상 핵무기 보유국으로 인식되고 있는 나라가 있다.

16 경영에서 목표에 의한 관리(MBO)의 효용과 한계에 관한 설명으로 옳지 않은 것은?

① 목표의 명확한 설정 및 성과의 계량적 측정이 어렵다.

② 수평적 의사소통체계보다 수직적 의사소통체계를 개선하는 데 더욱 유리하다.

③ 단기적 목표보다 장기적 목표에 대한 조직구성원들의 관심을 유도하는 데 도움을 준다.

④ 상 · 하 계급에 관계없이 모든 조직구성원들의 공동참여에 의한 목표설정을 통하여 목표에 대한 인식을 공유할 수 있다.

17 헌법재판소의 심판 대상에 해당하지 않는 것은?

① 검사가 내린 불기소처분

② 법률이 헌법에 위반되는지의 여부

③ 대통령에 대한 탄핵 여부

④ 대법원 판결이 헌법에 위반되는지의 여부

18 주변에서 뛰어나다고 생각되는 상품이나 기술을 선정하여 자사의 생산방식에 합법적으로 근접시키는 방법의 경영전략은?

① 벤치마킹(Bench Marking)

② 리스트럭쳐링(Restructuring)

③ 리엔지니어링(Reengineering)

④ 리포지셔닝(Repositioning)

19 모바일 신분증에 대한 설명으로 옳지 않은 것은?

① 개인 스마트폰에 신분증을 저장하고 사용하는 것이다.

② 블록체인 기반의 분산 DID 기술을 적용한다.

③ 온라인과 오프라인에서 구분 없이 서비스를 사용할 수 있다.

④ 모바일 운전면허증은 실물 운전면허증에 비해서 제한적인 효력을 가진다.

20 아프리카돼지열병에 대한 설명으로 옳은 것은?

① 이병률이 낮고 감염되어도 치사율이 30%에 이르기 때문에 피해는 비교적 적다.

② 사람이나 다른 동물은 감염되지 않고 돼지과에 속하는 동물에만 감염된다.

③ 돼지에서 발생하는 만성 신경성 질병으로 프레온질병이라고도 부른다.

④ 성체 돼지만 감염될 수 있고 감염된 돼지들은 5 ~ 7개월 동안의 잠복기간을 갖는다.

정답 및 해설 P. 105

정답 및 해설 P. 105

▶▶▶ 제1과목 **민간경비론**

1 민간경비와 공경비에 대한 설명으로 옳은 것은?

① 경제환원론은 1965년부터 1972년까지 영국의 경기침체기에 민간경비시장이 다른 서비스업보다 두드러지게 성장하였다는 사실에서 도출된 이론이다.
② 민간경비는 공경비에 비해 범죄진압에 주력한다.
③ 민간경비의 수혜자는 특정(계약)의뢰인에 한정되지만, 공경비의 수혜자는 일반국민이다.
④ 민간경비와 공경비는 상호대립 관계에 있다.

2 미국의 민간경비 발전과정에 대한 설명으로 옳지 않은 것은?

① 민간경비 발전 초기 위조화폐 단속
② 제2차 세계대전으로 인한 군수산업의 발전
③ 권위주의적인 경찰통제
④ 18세기 금광개발로 인한 금괴수송을 위한 철도경비

3 각국의 민간경비산업에 관한 설명으로 옳지 않은 것은?

① 미국은 제2차세계대전 중 전쟁수요에 힘입어 한층 더 확대되었다.
② 일본은 1964년 동경올림픽과 1970년 오사카만국박람회 개최 후 급속하게 발전하였다.
③ 한국은 1960년대 경제발전과 더불어 급속하게 성장하였다.
④ 독일은 1990년대 통일 후 치안수요의 증가로 인해 양적으로 확산되었다.

4 경비업법령상 경비원 교육에 대한 내용으로 옳지 않은 것은?

① 경비업자는 경비업무를 적정하게 실시하기 위하여 경비원으로 하여금 대통령령으로 정하는 바에 따라 경비원 신임교육 및 직무교육을 받게 하여야 한다.

② 경비업자는 대통령령으로 정하는 경력 또는 자격을 갖춘 일반경비원을 신임교육 대상에서 제외할 수 있다

③ 경비원이 되려는 사람은 대통령령으로 정하는 교육기관에서 미리 일반경비원 신임 교육을 받을 수 있다.

④ '대통령령으로 정하는 교육기관'에는 경비업무 관련 학과가 개설된 대학 등 경비원에 대한 교육을 전문적으로 수행할 수 있는 인력과 시설을 갖춘 기관 또는 단체 중 지방경찰청장이 지정하여 고시하는 기관 또는 단체도 포함된다.

5 일반경비원의 교육에 관한 설명으로 옳지 않은 것은?

① 직무교육의 실시 주체는 경비업자이다.

② 직무교육은 매월 4시간이상 실시해야 한다.

③ 신임교육은 이론교육 8시간과 실무교육 20시간으로 한다.

④ 직무교육의 과목은 직무수행에 필요한 이론과 실무과목, 그 밖의 정신교양 등으로 한다.

6 특정시간에만 문이 열리고 닫히는 잠금장치로 은행이나 박물관 출입문에 적당한 잠금장치는?

① 패드록   ② 기억식 잠금장치

③ 전기식 잠금장치   ④ 일체식 잠금장치

7 다음 중 잠재적으로 사고가 발생할만한 지역을 정확하게 관찰하기 위해 사용되며, 외딴 산간지역이나 작은 배로 쉽게 시설물에 접근할 수 있는 위치에 설치하는 조명은?

① 탐조등   ② 가로등

③ 투광조명등   ④ 프레이넬등

8 사이버테러형 범죄에 관한 설명으로 옳지 않은 것은?

① 해킹(Hacking)은 일반적으로 다른 사람의 컴퓨터 시스템에 무단침입하여 정보를 빼내거나 프로그램을 파괴하는 전자적 침해행위를 의미한다.

② 해킹은 해킹에 사용된 기술과 방법에 따라서 단순침입, 사용자도용, 파일 등 삭제변경, 자료유출, 폭탄스팸메일, 서비스 거부공격으로 구분하고 있다.

③ 폭탄스팸메일은 정보통신망에 일정한 시간 동안 대량의 데이터를 전송시키거나 처리하게 하여 과부하를 야기시켜 정상적인 서비스가 불가능한 상태로 만드는 일체의 행위를 말한다.

④ 파일 등 삭제와 자료유출은 정보통신망에 침입하기 위해서 타인에게 부여된 사용자계정과 비밀번호를 권한자의 동의 없이 사용하는 것을 말한다.

9 민간경비와 시민의 관계를 개선하기 위한 방안으로 옳지 않은 것은?

① 민간경비원은 정당한 권한 없이 시민의 권리와 자유를 침해하거나 제한해서는 안 된다.

② 민간경비원은 고객이 아닌 일반시민과 상호작용하는 것은 바람직하지 않다.

③ 민간경비가 일반시민들로부터 긍정적 인식을 얻는 것은 국가 내지 사회전체적인 안전확보에도 기여한다.

④ 경비업체의 영세성과 지역편중으로 인하여 지역사회와 상호협력을 구축하는 것이 필요하다.

10 우리나라의 민간경비와 경찰의 상호협력, 관계개선 방안으로 틀린 것은?

① 경찰조직 내에 일정규모 이상의 민간경비 전담부서 설치

② 민간경비업체와 경찰책임자와의 정기적인 회의 개최

③ 민간경비원의 복장을 경찰과 유사하게 하여 치안활동의 가시성을 높이도록 하는 방안

④ 경찰과 민간경비원의 합동순찰제도

11 **청원경찰에 관한 설명으로 옳지 않은 것은?**

① 청원경찰이 그 배치지의 특수성 등으로 특수복장을 착용할 필요가 있을 때에는 청원주는 시·도 경찰청장이 승인을 받아 특수복장을 착용하게 할 수 있다.

② 청원주는 배치폐지나 배치인원 감축으로 과원(過員)이 되는 청원경찰 인원을 그 기관·시설 또는 사업장 내의 유사 업무에 종사하게 하거나 다른 시설·사업장 등에 재배치하는 등 청원경찰의 고용이 보장될 수 있도록 노력하여야 한다.

③ 청원경찰이 배치된 사업장이 하나의 경찰서의 관할구역에 있는 경우에는 시·도경찰청장은 청원주에 대한 지도 및 감독상 필요한 명령의 권한을 관할 경찰서장에게 위임한다.

④ 청원경찰이 직무를 수행할 때 직권을 남용하여 국민에게 해를 끼친 경우에는 1년 이하의 징역이나 금고에 처한다.

12 **청원경찰의 징계에 대한 내용으로 옳은 것은?**

① 관할 경찰서장은 청원경찰이 직무상의 의무를 위반하거나 직무를 태만히 한 때에는 청원주에게 해당 청원경찰에 대하여 징계처분을 하도록 요청할 수 있다.

② 품위손상은 징계사유에 해당되지 않는다.

③ 정직은 1개월 이상 3개월 이하로 하고, 보수의 3분의 1을 줄인다.

④ 청원경찰에 대한 징계의 종류는 대통령령으로 정한다.

13 청원경찰법에 대한 설명으로 옳은 것은?

① 지방자치단체에 근무하는 청원경찰의 직무상 불법행위에 대한 배상책임에 관하여는 민법의 규정을 따르고, 이를 제외한 청원경찰의 직무상 불법행위에 대한 배상책임에 관하여는 국가배상법의 규정을 따른다.

② 청원경찰 업무에 종사하는 사람은 형법이나 그 밖의 법령에 따른 벌칙을 적용할 때에는 공무원으로 본다.

③ 청원경찰이 직무를 수행할 때 직권을 남용하여 국민에게 해를 끼친 경우에는 3년 이하의 징역이나 금고에 처한다.

④ 청원경찰은 불가피한 사정이 있는 경우 경찰관직무집행법에 따른 직무외의 수사 활동 등 사법경찰관리의 직무를 수행할 수 있다.

14 청원경찰의 임용권자와 임용승인권자가 순서대로 바르게 연결된 것은?

① 청원주 – 시 · 도경찰청장
② 청원주 – 경찰서장
③ 시 · 도경찰청장 – 청원주
④ 경찰서장 – 청원주

15 청원경찰법령상 500만 원 이하의 과태료 처분의 대상이 되는 자가 아닌 것은?

① 정당한 사유없이 경찰청장이 고시한 최저부담기준액 이상의 보수를 지급하지 아니한 자
② 시 · 도경찰청장의 승인을 받지 않고 청원경찰을 임용한 자
③ 시 · 도경찰청장의 청원주에 대한 지도 · 감독상 필요한 명령을 정당한 이유없이 이행하지 아니한 자
④ 시 · 도경찰청장에게 신청을 하지 않고 무기대여를 받으려는 자

16 A광역시에 소재하고 있는 B은행 본점에는 20명의 청원경찰이 배치되어 있다. 이에 관한 설명으로 옳지 않은 것은?

① 청원경찰에 대한 봉급 및 각종 수당은 B은행에서 지급한다.
② B은행은 B은행 직원의 봉급지급일에 청원경찰에 대한 봉급도 지급한다.
③ 청원경찰이 입을 피복은 B은행에서 직접 그 피복대금을 청원경찰에게 지급한다.
④ 청원경찰로 임용된 자는 원칙적으로 경비구역에 배치되기 전에 경찰교육기관에서 직무수행에 필요한 교육을 받아야 한다.

17 다음 (   ) 안에 들어갈 알맞은 숫자는?

> 청원주가 청원경찰에게 무기 및 탄약을 출납할 때 소총은 1정당, (㉠)발 이내, 권총은 1정당 (㉡)발 이내로 하여야 한다.

① ㉠ - 10, ㉡ - 5   ② ㉠ - 15, ㉡ - 7
③ ㉠ - 15, ㉡ - 5   ④ ㉠ - 10, ㉡ - 7

18 청원경찰이 배치되는 시설이 아닌 것은?

① 선박, 항공기 등 수송시설
② 의료법에 의한 의료기관
③ 사회복지법에 의한 사회복지시설
④ 학교 등 육영시설

19 관할 경찰서장과 시·도경찰청장이 공통으로 갖춰 두어야 할 문서나 장부에 해당하는 것은?

① 청원경찰 명부
② 전출입 관계철
③ 교육훈련 실시부
④ 배치 결정 관계철

20 청원경찰이 직무를 수행함에 있어서 직권을 남용하여 국민에게 해를 끼친 경우의 처벌로 옳은 것은?

① 6월 이하의 징역이나 금고
② 2년 이하의 징역이나 금고
③ 1년 이하의 징역이나 금고
④ 3년 이하의 징역이나 금고

1 다음 중 삼국통일의 역사적 의의와 관계없는 것은?

① 고구려의 옛 지역을 상실함으로써 활동범위가 좁아졌다.
② 단일 민족으로 통일히는 기반을 조성하였다.
③ 당나라의 내정간섭으로 오늘날의 영토를 확보하였다.
④ 민족문화의 전통을 수립하였다.

2 다음에서 조선왕조의 중앙집권화 정책에 관련이 깊은 것을 모두 고른 것은?

㉠ 수령의 권한 강화	㉡ 서원의 보급
㉢ 유향소의 기능강화	㉣ 호패법의 실시

① ㉠, ㉡   ② ㉠, ㉣
③ ㉡, ㉢   ④ ㉢, ㉣

3 다음은 어떤 목적을 가지고 추진된 정책인가?

• 진대법	• 상평창
• 제위보	• 균역법

① 정치기강의 확립   ② 지방풍속의 교정
③ 농민생활의 안정   ④ 재정규모의 증대

4 다음 중 16세기 경제에 대한 설명으로 옳지 않은 것은?

① 환곡의 고리대화로 인해 농촌경제가 더욱 궁핍해졌다.

② 대립제의 양성화로 신역이 조세화되었다.

③ 수미법의 실시로 차츰 공납의 폐해가 완화되었다.

④ 공납의 부족을 채우기 위한 족징·인징 등의 방법으로 농민 부담이 가중되었다.

5 다음 중 고려 후기에 신분상승을 할 수 있는 경우에 해당하는 것을 모두 고른 것은?

> ㉠ 공명첩을 발급 받는다.
> ㉡ 전쟁에 나아가 공을 세운다.
> ㉢ 몽골 귀족과 혼인한다.
> ㉣ 지방관을 매수하거나 족보를 변조 또는 양반가의 족보를 매입한다.

① ㉠, ㉡   ② ㉠, ㉢
③ ㉡, ㉢   ④ ㉡, ㉣

6 다음 중에서 조선 양반들의 동향으로 옳은 것은?

> ㉠ 향안을 만들어 사족세력의 결속을 강화하였다.
> ㉡ 향회를 통하여 향촌사회의 여론을 주도하였다.
> ㉢ 두레와 각종 계를 조직하여 농민을 지배하였다.
> ㉣ 상품 화폐 경제의 발달에 부응하여 도고로 성장하였다.

① ㉠, ㉡   ② ㉠, ㉣
③ ㉡, ㉢   ④ ㉢, ㉣

7 신라 하대 불교계의 새로운 경향을 알려주는 다음의 사상에 대한 설명으로 옳은 것은?

> 불립문자(不立文字)라 하여 문자를 세워 말하지 않는다고 주장하고, 복잡한 교리를 떠나서 심성(心性)을 도야하는 데 치중하였다. 그러므로 이 사상에서 주장하는 바는 인간의 타고난 본성이 곧 불성(佛性)임을 알면 그것이 불교의 도리를 깨닫는 것이라는 견성오도(見性悟道)에 있었다.

① 전제 왕권을 강화해주는 이념적 도구로 크게 작용하였다.
② 지방에서 새로이 대두한 호족들의 사상으로 받아들여졌다.
③ 왕실은 이 사상을 포섭하려는 노력에 관심을 기울이지 않았다.
④ 인도에까지 가서 공부해 온 승려들에 의해 전파되었다.

8 다음 중 고려시대 석탑의 특징에 대한 설명으로 옳지 않은 것은?

① 대체적으로 구조가 불안정하였다.
② 중국의 송·원의 영향을 받은 탑이 제작되었다.
③ 신라의 3층 석탑양식을 계승하였다.
④ 다각 다층탑이 많았다.

9 다음 중 조선 후기 실학자와 그들이 주장하는 바에 대한 설명이다. 옳지 않은 것을 모두 고른 것은?

> ㉠ 정약용 : 농업 중심 개혁론의 선구자로 균전론을 제시하였다.
> ㉡ 홍대용 : 무역선을 파견하여 청에서 행해지는 국제무역에도 참여해야 한다고 주장하였다.
> ㉢ 유수원 : 우서를 저술하여 상공업의 진흥을 위한 사농공상의 직업적 평등과 전문화를 주장하였다.
> ㉣ 유형원 : 자영농 육성을 위한 토지제의 개혁뿐만 아니라 양반문벌제도, 과거세, 노비세의 모순도 지적하였다.

① ㉠, ㉡

② ㉠, ㉢

③ ㉡, ㉢

④ ㉡, ㉣

10 다음 중 광무개혁이 추진된 시기에 일어난 사건과 관련된 것을 고르면?

① 상공업의 육성과 양전사업

② 물산장려운동과 민립대학설립운동

③ 모스크바 3국외상회의

④ 가쓰라 · 태프트밀약

11 서울특별시에 대한 설명으로 틀린 것은?

① 서울시의 휘장은 다시 뛰는 공정도시를 지향하는 서울을 상징한다.

② 서운특별시장은 구무히이 참여권 및 발언권이 있다.

③ 서울시의 비전 슬로건은 약자와 동행하는 상생도시, 매력있는 글로벌 선도도시를 만들겠다는 의
   지를 담고 있다.

④ 서울시는 행정동 426개동과 법정동 467개가 있다.

12 다음 중 서울사랑상품권에 대한 설명으로 옳지 않은 것은?

① 소상공인 매출 증대와 지역자금의 역외 유출을 막고 지역경제의 활성화를 위해 도입하였다.

② 서울시 주관으로 출시한 모바일 지역사랑상품권으로 소득공제는 20% 가능하다.

③ '서울페이' 앱을 통해 바코드와 QR코드 결제도 가능하고, 비대면 결제도 가능하다.

④ 1만원부터 1만원 단위로 구입이 가능하다.

13 서울특별시 제22대 국회의원 지역 의석수는?

① 45개   ② 48개
③ 49개   ④ 51개

14 다음 중 가족이 대신해서 주장할 수 있는 권리는?

① 신원권   ② 청원권
③ 항변권   ④ 참정권

15 헌법을 개헌하지 않더라도 개정이 가능한 것은?

① 대통령의 임기   ② 헌법재판소 재판관의 수 변경
③ 선거구 획정 변경   ④ 지방자치단체의 의회제도 폐지

16 지방 소멸 고위험을 의미하는 소멸 위험 지수의 값은?

① 1.0 ~ 1.5 미만   ② 0.5 ~ 1.0 미만

③ 0.2 ~ 0.5 미만   ④ 0.2 미만

17 ( ) 안에 들어갈 알맞은 말은?

> 원래 프랑스에서 비롯된 제도이다. 독일은 제1차 세계대전 이후 엄청난 전쟁 배상금 지급을 감당할 수 없어 ( )을/를 선언했고 미국도 1931년 후버 대통령이 전쟁 채무의 배상에 대하여 1년의 지불유예를 한 적이 있는데, 이를 후버 ( )라/이라 불렀다고 한다. 이외에도 페루, 브라질, 멕시코, 아르헨티나, 러시아 등도 ( )을/를 선언한 바가 있다.

① 모블로그   ② 모라토리엄 증후군

③ 서브프라임 모기지론   ④ 모라토리엄

18 기업이 소비자를 상대로 하여 물품 및 서비스를 직접적으로 제공하는 전자상거래 방식은?

① B2E   ② B2G

③ B2B   ④ B2C

19 자폐증이나 지적 장애를 가진 사람이 특정 영역에서 매우 우수한 능력을 나타내는 증후군은?

① 서번트 증후군   ② 아스퍼거 증후군

③ 헌터 증후군   ④ 거스트만 증후군

20 차량 내 인공지능(AI)으로 차량 주변 사람 및 사물을 파악하고 어떻게 대처할지를 결정하며 이를 보행자에게 알리는 시스템은?

① 보행자 토크   ② 보행자 알림

③ 보행자 인지   ④ 보행자 신호

정답 및 해설 P. 116

▶▶▶ 제1과목 **민간경비론**

1 아래 글에서 설명하는 셉테드(CPTED)의 원리는?

> 특정지역에 대한 소유의식 또는 지배의식이 나타나도록 공간을 설계하여 범죄를 예방하는 원리

① 자연적 감시   ② 접근통제
③ 영역성의 강화   ④ 유지 및 보수관리

2 각국의 민간경비원의 법적 지위에 관한 설명으로 옳지 않은 것은?

① 일본의 민간경비원은 형사법상 문제발생 시 사인과 동일하게 취급한다.
② 미국의 민간경비원은 주의 위임입법이나 지방조례 등에서 예외적으로 특정 조건하에서 특별한 권한을 부여하고 있다.
③ 한국의 민간경비원은 업무수행 중 고의 또는 과실로 경비대상에 발생한 손해를 방지하지 못한 때에는 그 손해를 직접 배상해야 한다.
④ 한국의 민간경비원은 영장 없이 현행범을 체포할 수 있다.

3 다음에서 설명하는 내용은 Hess와 Wrobleski(1996)의 확인된 위험의 대응방법 중 무엇에 해당하는가?

> 범죄 및 손실이 발생할 기회를 아예 제공하지 않는 것과 관련되는 소극적인 접근법으로, 어떤 활동을 계속함으로써 얻을 수 있는 이익보다 잠재적 손실이 더 클 것이라는 비용편익 분석을 통해 정당화될 수 있는 대응방법이다.

① 위험의 제거(Risk Elimination)
② 위험의 회피(Risk Avoidance)
③ 위험의 감소(Risk Reduction)
④ 위험의 분산(Risk Spreading)

4 경비위해분석에 관한 내용으로 옳지 않은 것은?

① 경비위해분석이란 경비활동의 대상이 되는 위험요소들을 대상별로 추출하여 성격을 파악하는 경비진단활동을 말한다.
② 비용효과분석이란 개인 및 시설물에 대한 범죄예방 또는 질서유지활동에 대한 경제적 가치에 대하여 경비에 투입된 비용과 산출된 효과를 수치로 분석하는 것을 말한다.
③ 위험요소분석에 있어 위험요소를 인지하는 것이 가장 선행되어야 한다.
④ 인식된 위험요소의 척도화는 인지된 사실들을 경비대상물이 갖고 있는 환경을 고려하여 무작위로 배열하는 것이다.

5 「개인정보보호법」상 CCTV와 같은 고정형 영상정보처리기기를 설치·운영하는 자는 정보주체가 쉽게 인식할 수 있도록 안내판을 설치하여야 한다. 안내판을 설치하는 경우 안내판에 포함하여야 하는 사항이 아닌 것은?

① 설치 목적 및 장소
② 촬영 범위 및 시간
③ 관리책임자의 성명 및 연락처
④ 영상정보의 보관 기간

6 경비위해요인의 분석단계와 그에 대한 설명으로 옳은 것은?

① 인지 단계－개인 및 기업의 보호영역에서 손실을 일으키기 쉬운 취약 부분을 확인하는 단계이다.
② 평가 단계－경비보호대상의 보호가치에 따른 손실발생 가능성을 예측하는 단계이다.
③ 비용효과분석 단계－특정한 손실이 발생하였다면 얼마나 심각한 영향을 미쳤는가를 고려하는 단계이다.
④ 손실발생가능성 예측 단계－범죄피해로 인한 인적·물적 피해의 정도, 고객의 성신석 안징싱, 개인 및 기업체의 비용부담정도 등을 고려하는 단계이다.

7 아래 글에서 설명하는 컴퓨터 범죄의 수법은?

> ㉠ 어떤 프로그램이 마치 정상적인 상태로 유지되는 것처럼 믿도록 속임수를 쓰는 것
> ㉡ 어떤 일을 정상적으로 수행하면서 관심을 두지않는 조그마한 이익들을 긁어모으는 것

㉠	㉡
① 스푸핑(Spoofing)	살라미기법(Salami Techniques)
② 스푸핑(Spoofing)	트로이목마(Trojan Horse)
③ 플레임(Flame)	살라미기법(Salami Techniques)
④ 허프건(Huffgun)	논리폭탄(Logic Bomb)

8 컴퓨터범죄의 예방대책 중 관리적 대책에 해당되지 않는 것은?

① 컴퓨터기기 및 프로그램 백업
② 프로그램 개발통제
③ 기록문서화 철저
④ 액세스(Access)제도 도입

9 보호지역 중 비밀 또는 주요 시설에 대한 비인가자의 접근을 방지하기 위하여 안내를 받아 출입하여야 하는 장소는?

① 제한지역   ② 제한구역

③ 통제지역   ④ 통제구역

10 사고발생 시 경비원의 현장보존 방법으로 옳은 것은?

① 현장의 모든 물건은 증거확보를 위해 보존이 용이한 곳으로 옮겨 보관한다.

② 현장을 중심으로 가능한 한 좁은 범위를 보존범위로 정하여 확보한다.

③ 현장에 담배꽁초나 휴지가 있으면 청소하여 청결을 유지한다.

④ 현장보존의 범위에 있는 모든 사람을 신속히 퇴장시킨다.

11 청원경찰에 대한 설명으로 옳지 않은 것은?

① 형법적용에 있어서는 공무원으로 본다.

② 청원경찰에 임용된 자는 누구나 바드시 경비구역에 배치되기 전 교육을 받아야 한다.

③ 관할 경찰서장은 매월 1회 이상 복무규율 및 근무상황을 감독하여야 한다.

④ 청원주는 청원경찰을 이동배치한 때에는 배치지 관할 경찰서장에게 통보해야 한다.

12 청원경찰법령에 대한 설명으로 옳은 것은?

① 청원경찰의 경비는 시 · 도경찰청장이 부담한다.

② 경비업법의 결격사유의 어느 하나에 해당하는 사람은 청원경찰로 임용될 수 없다.

③ 법원의 판결 또는 다른 법률에 따라 자격이 정지된 자는 청원경찰로 임용될 수 없다.

④ 청원주는 청원경찰 배치가 필요하다고 인정하는 기관의 장 또는 시설 · 사업장의 경영자에게 청원경찰을 배치할 것을 요청할 수 있다.

13 청원경찰의 배치 대상 기관 · 시설 · 사업장 등에 해당하는 것은 모두 몇 개인가?

• 학교 등 육영시설
• 언론, 통신, 방송 또는 인쇄를 업으로 하는 시설 또는 사업장
• 「의료법」에 따른 의료기관
• 선박, 항공기 등 수송시설
• 금융 또는 보험을 업(業)으로 하는 시설 또는 사업

---

① 2개   ② 3개
③ 4개   ④ 5개

14 청원경찰의 제복착용과 무기휴대에 대한 설명으로 옳은 것은?

① 청원경찰은 근무 중 제복을 착용하여야 한다.

② 청원경찰의 제복, 장구 및 부속물에 관하여 필요한 사항은 대통령령으로 정한다.

③ 경찰청장은 청원경찰이 직무수행을 위하여 필요하다고 인정할 때에는 관할 경찰서장의 신청에 의하여 시·도경찰청장으로 하여금 무기를 대여하여 휴대하게 할 수 있다.

④ 정원경찰의 복제와 무기휴대에 관하여 필요한 사항은 경찰청장령으로 정한다.

15 매월 1회 이상 청원경찰을 배치한 경비구역에 대하여 복무규율 및 근무사항, 무기관리 및 취급사항을 감독하여야 하는 자는?

① 청원주　　　　　　　　　　　　② 경비업자

③ 관할 시·도경찰청장　　　　　　④ 관할 경찰서장

16 청원주가 무기 및 탄약을 지급해서는 안 되고 이미 지급된 무기 및 탄약도 회수해야 하는 대상이 되지 않는 청원경찰은?

① 직무상 비위로 징계 대상이 된 자

② 이혼경력이 있는 자

③ 사직 의사를 밝힌 사람

④ 형사사건으로 조사 대상이 된 사람

17 A기업체 청원경찰이 보수산정과 관련하여 가장 우선시 되는 기준은?

① 경찰관 순경의 보수에 준해 지급

② 국가기관, 지방자치단체 근무자에 준해 지급

③ 당해 사업체의 유사직종 근로자와 동일하게 지급

④ 당해 사업장의 취업규칙

18 청원경찰의 복제에 대한 설명 중 옳지 않은 것은?

① 장구는 허리띠, 경찰봉, 호루라기 및 포승으로 구분한다.
② 기동모, 기동복의 색상은 검정색으로 한다.
③ 제복의 제식 및 재질은 청원주가 결정한다.
④ 장구의 제식 및 재질은 경찰장구와 같다.

19 청원경찰의 배치 및 임용에 관한 다음 설명 중 옳은 것은?

① 시 · 도경찰청장은 청원경찰 배치가 필요하다고 인정하는 기관의 장 또는 시설 · 사업장의 경영자에게 청원경찰의 배치를 요청할 수 있다.
② 청원경찰의 배치를 받고자 하는 자는 관할 경찰관서장에게 문서 또는 구두로 신청해야 한다.
③ 청원경찰은 청원주가 관할 경찰관서장과 협의하여 임용하되, 그 임용에 있어서 미리 경찰청장의 승인을 얻어야 한다.
④ 청원주는 청원경찰비와 청원경찰 또는 그 유족에 대한 보상금 및 청원경찰의 퇴직금의 일부를 부담하여야 한다.

20 청원경찰경비에 대한 설명으로 틀린 것은?

① 청원주가 부담하는 청원경찰경비는 청원경찰에게 지급할 봉급 및 각종 수당, 청원경찰의 피복비 및 교육비, 청원경찰법의 규정에 의한 보상금 및 퇴직금이 있다.
② 청원경찰에게 지급할 봉급 및 각종 수당의 최저부담기준액과 청원경찰의 피복비 및 교육비의 부담기준액은 경찰청장이 고시한다.
③ 청원경찰에게 지급할 봉급 및 각종 수당의 최저 부담 기준액은 순경의 것을 고려하여 매년 12월에 다음 연도분을 고시하여야 하며, 어떠한 경우에도 수시 고시는 허용될 수 없다.
④ 청원경찰에 대한 봉급 및 각종 수당은 청원주가 당해 사업장의 직원에 대한 보수지급일에 청원경찰에게 직접 지급된다.

1 다음 유물이 만들어진 시대의 사회상으로 옳은 것은?

> • 충북 청주 산성동 출토 가락바퀴
> • 경남 통영 연대도 출토 치레걸이
> • 인천 옹진 소야도 출토 조개껍데기 가면
> • 강원 양양 오산리 출토 사람 얼굴 조각상

① 한자의 전래로 붓이 사용되었다.
② 무덤은 일반적으로 고인돌이 사용되었다.
③ 조, 피 등을 재배하는 농경이 시작되었다.
④ 반량전, 오수전 등의 중국 화폐가 사용되었다.

2 다음 비문의 내용에 해당하는 고구려왕의 업적으로 옳은 것은?

> 영락 10년(400) 경자에 보병과 기병 5만을 보내 신라를 구원하게 하였다. 후퇴하는 왜적을 추격하여 종발성을 함락하고 병사를 두어 지키게 하였다.

① 후연을 격파하여 요동으로 진출하였다.
② 율령을 반포하여 국가체제를 정비하였다.
③ 지방세력 통제를 위해 불교를 공인하였다.
④ 지두우를 분할 점령하여 흥안령 일대의 초원지대를 장악하였다.

3 다음 정책들을 실시한 공통적인 목적으로 옳은 것은?

> • 녹읍을 폐지하고 관료전을 지급하였다.
> • 일반 백성에게 정전을 지급하고, 국가에 조를 바치게 하였다.
> • 촌주로 하여금 민정문서를 작성하게 하여 남녀별·연령별의 인구와 가축, 유실수 등의 수를 3년마다 한 번씩 통계를 내게 하였다.

① 농민생활의 안정
② 지방세력가의 성장 억제
③ 대토지 소유의 발달 억제
④ 노동력과 생산자원에 대한 국가의 지배력 강화

4 조선 후기에는 상품·화폐경제가 발달하면서 사회적으로 큰 변동이 일어났는데, 그 변동을 설명한 것으로 옳지 않은 것은?

① 양반호가 증가하고 상민호가 줄어들어 삼정이 문란해졌다.
② 광범위한 신분상승 운동으로 양반의 수가 증가하였고, 구향과 신향 사이에 향전이 일어나기도 하였다.
③ 당쟁과 평민·천민층의 성장으로 양반층의 분화가 일어났으며, 재지 사족들은 신분적 특권을 지키기 위해 동족부락을 형성하였다.
④ 상업적 농업으로 부를 축적하는 부농경영이 발전하면서 농업에서 쫓겨난 몰락 농민이 증가함으로 인해 노비호가 증가하였다.

5 다음 중 권문세족과 신진사대부에 대한 설명으로 옳은 것은?

① 권문세족은 친명적 성격이 강하였다.
② 신진사대부들은 주로 음서로 관계에 진출하였다.
③ 신진사대부들은 민본주의에 입각한 왕도정치를 구현하려 하였다.
④ 권문세족은 성리학을 적극적으로 수용하여 사회를 개혁하려 하였다.

6 19세기 전반기의 신분제도에 대한 설명으로 옳은 것은?

① 공노비와 사노비가 국가에 의해 해방되었다.
② 특권 양반신분이 새롭게 형성되었다.
③ 생산 활동이 중시되어 상민층이 크게 늘어났다.
④ 경제적인 부가 신분의 이동에 큰 역할을 하였다.

7 다음은 우리나라의 어떤 비문(碑文)에 관한 설명이다. 언급된 난랑의 비문에 나오는 3교(三敎)와 관련이 있는 것을 모두 고르면?

「계원필경」의 저자 고운(孤雲)이 쓴 이 비문은 화랑이었던 난랑의 비(碑)에 새겨져 있는 것으로서, 우리 고유의 사상적 연원을 밝혀 준다는 데에 커다란 의미를 지니고 있다.

㉠ 도덕과 정치를 결합한 덕치로써 춘추시대의 혼란을 바로잡으려 하였다.
㉡ 자연 속에서 인간의 본성에 따라 살 때, 참된 행복이 있다는 무위자연의 사상을 강조하였다.
㉢ 삼국이 중앙집권국가로서의 체제가 정비될 무렵에 전래되었다.
㉣ 조상에 대한 제사거부와 신분질서 혼란의 이유로 탄압을 받았다.

① ㉠, ㉡
② ㉠, ㉡, ㉢
③ ㉠, ㉡, ㉣
④ ㉠, ㉡, ㉢, ㉣

8 고려시대의 과학기술과 그 발달배경을 바르게 연결한 것은?

㉠ 화약과 화포 – 왜구의 침략   ㉡ 인쇄술의 발달 – 지식의 대중화
㉢ 수시력 채용 – 외래문물의 수용 요구   ㉣ 대형 범선 제조 – 송과의 해상무역 발달

① ㉠, ㉡
② ㉠, ㉣
③ ㉡, ㉢
④ ㉢, ㉣

9 다음은 조선 시대 미술에 학생들의 보고서이다. 학생과 첨부할 그림이 바르게 연결된 것은?

> • 용팔 – 조선 후기 사회의 서민들의 일상생활을 소박하고 익살스럽게 묘사하였다. 사실적이며 때로는 풍자적인 양식의 그림은 양반뿐만 아니라 중인, 서얼, 서리 등 출신에 관계없이 애호가의 많은 사랑을 받았다.
> • 인규 – 주로 도회지 상반의 풍류 생활과 부녀자의 풍습, 남녀간의 애정을 묘사하였다. 또한 섬세하고 세련된 기법을 구사하였다.
> • 치호 – 우리의 자연을 사실적으로 그려냈다. 또한 자신이 그리고자 하는 산수를 몇 차례 걸쳐 답사하면서 우리나라 자연을 그려내는데 알맞은 구도와 화법을 창안해냈다.

① 용팔 – 밭갈이   ② 용팔 – 단오
③ 인규 – 몽유도원도   ④ 치호 – 월야밀회

10 다음은 근대 개혁 방안에 관한 자료이다. 이를 시기 순으로 바르게 나열한 것은?

> ㉠ 내시부를 없애고 그 가운데서 재능있는 자가 있으면 뽑아 쓴다.
> ㉡ 왕실 사무와 국정 사무를 모름지기 나누어 서로 뒤섞지 아니한다.
> ㉢ 대한국 대황제는 육해군을 통솔하고 편제를 정하며 계엄과 해엄을 명한다.
> ㉣ 재정은 모두 탁지부에서 전담하여 맡고, 예산과 결산은 인민에게 공포한다.

① ㉠→㉡→㉢→㉣   ② ㉠→㉡→㉣→㉢
③ ㉡→㉠→㉢→㉣   ④ ㉡→㉠→㉣→㉢

11 서울시가 장애인·고령자·임산부 등 교통약자의 대중교통 이용을 돕기 위해 시범운영하는 맞춤형 통합교통 서비스는?

① 교통약자 대중교통맵　　　　　　② 약자동행맵
③ 서울동행맵　　　　　　　　　　④ 맞춤형 통합교통맵

12 다음 중 2022년 기준 서울특별시의 행정구역은?

① 21개 자치구와 421개의 행정동
② 22개 자치구와 423개의 행정동
③ 23개 자치구와 425개의 행정동
④ 25개 자치구와 426개의 행정동

13 서울형 키즈카페에 대한 설명으로 옳지 않은 것은?

① 아동 1인과 보호자 최대 3천원대 요금이 적용된다.
② 서울시가 직접(또는 지원하여) 조성하고 운영하는 시설로 서울시민은 누구나 이용할 수 있다.
③ 보육교사가 의무로 배치되어 있다.
④ 다둥이행복카드를 제시하면 50%를 할인 받을 수 있다.

14 국제연합안전보장이사회에 대한 설명으로 바르지 않은 것은?

① 상임이사국은 미국, 프랑스, 영국, 러시아, 중국이다.
② 국제평화와 안전유지가 주목적이다.
③ 분쟁 발생 시 평화적 해결이 불가하면 강제적 개입도 가능하다.
④ 비상임이사국의 임기는 3년이다.

15 FTA에 대한 설명으로 옳지 않은 것은?

① 우리나라가 처음으로 FTA를 체결한 나라는 칠레이다.

② 상품무역 이외에 서비스 · 투자에 관한 분야에서는 적용되지 않는다.

③ 보다 다양한 종류의 품목이 이전보다 저렴한 가격으로 수입됨에 따라 국민의 소비자 후생이 높아질 수 있다.

④ 지역별 FTA활용센터를 이용하여 중소기업의 활용도를 증대할 수 있다.

16 특정 품목의 수입이 급증하면서 자국 산업에 중대한 피해가 발생했거나 그럴 우려가 있을 경우 취하는 긴급 수입 제한 조치는?

① 규제 샌드박스 ② CVID

③ 위수령 ④ 세이프가드

17 제4세계(LDDC)에 대한 설명으로 옳은 것은?

① 유럽경제공동체를 중심으로 새롭게 형성된 유럽통합국가군을 말한다.

② 개방조치에 반대하는 중국, 북한, 루마니아 등을 지칭하는 말이다.

③ 개발도상국 중에서도 석유와 같은 유력한 자원을 가지지 못한 국가를 말한다.

④ 제1 · 2 · 3세계에 포함되지 않는 영세중립국가군을 말한다.

18 다음 설명으로 옳은 것은?

> 국회의원은 현행범이 아닌 이상 회기 중 국회의 동의 없이 체포 또는 구금되지 아니하며, 회기 전에 체포 또는 구금된 때에도 현행범이 아닌 한 국회의 요구가 있으면 회기 중에도 석방되는 특권이다.

① 불체포특권 ② 면책특권

③ 게리멘더링 ④ 옴부즈만

19 바이러스 등에 의한 자극에 대해 바이러스의 감염을 막는 역할을 하는 것은?

① 아나필락시스　　　　　　② 인터루킨
③ AIDS　　　　　　　　　　④ 인터페론

20 영국 귀족들의 허상을 드러내는 「한 줌의 먼지」는 1988년 영화로 만들어지기도 했다. 이 작품을 집필하였으며 20세기 영국문학을 대표하는 풍자 작가는?

① 아이리스 머독　　　　　　② 테네시 윌리엄스
③ 잭 케루악　　　　　　　　④ 에벌린 워

정답 및 해설 P. 126

▶▶▶ 제1과목 **민간경비론**

1 우리나라에서 민간경비와 경찰과의 관계에 관한 설명으로 옳지 않은 것은?

① 경비업법상 경찰청장 또는 시·도경찰청장은 경비업무의 적정한 수행을 위하여 경비업자 및 경비지도사를 지도·감독하며, 필요한 명령을 할 수 있다.

② 경찰활동의 재원은 세금이지만 민간경비의 재원은 의뢰자가 지급하는 도급계약의 대가(代價)라고 할 수 있다.

③ 경찰의 활동영역은 법령에 근거하며 민간경비의 활동영역은 경비계약에 근거한다.

④ 수익자부담이론은 개인이나 단체의 사유재산보호는 기본적으로 경찰의 역할이라고 간주한다.

2 범죄예방 및 안전사고 방지를 위해 관내 금융기관 등 현금다액취급업소, 상가, 여성운영업소 등에 대하여 방범시설 및 안전설비의 설치상황, 자위방범역량 등을 점검하여 미비점을 보완하도록 지도하기 위한 경찰활동을 무엇이라 하는가?

① 방범홍보　　　　　　② 경찰방문
③ 생활방범　　　　　　④ 방범진단

3 A. J. Bilek이 제시한 민간경비원의 일반적 지위에 포함되지 않는 것은?

① 경찰관 신분의 경비원　　　② 군인신분의 경비원
③ 민간인 신분의 경비원　　　④ 특별한 권한을 보유한 경비원

4 아래 글에서 설명하고 있는 민간경비조직의 운영원리는?

> 조직의 전체기능을 성질별로 나누어 업무를 구분하고 개인의 능력에 맞추어 구성원을 적재 적소
> 에 배치하도록 한다.

① 계층제의 원리   ② 명령통일의 원리

③ 조정통합의 원리   ④ 전문화의 원리

5 다음 중 우리나라 경비업법상 민간경비의 업무라고 볼 수 없는 것은?

① 정보보호업무   ② 기계경비업무

③ 시설경비업무   ④ 특수경비업무

6 경비실시의 형태 중 포괄적이고 전체적인 계획 없이 필요할 때마다 손실 및 예방 등의 역할을 수행하기 위해 추가되는 경비형태는?

① 단편적 경비   ② 1차원적 경비

③ 반응적 경비   ④ 총체적 경비

7 다음과 같은 컴퓨터 범죄의 유형은?

> 금융기관의 이자에서 단수로 처리되는 소액을 자동으로 한 개의 계좌에 이체되도록 함

① 슈퍼재핑   ② 살라미수법

③ 논리폭탄   ④ 트랩도어

8 계약경비와 자체경비에 관한 설명으로 옳은 것은?

① 자체경비는 경비부서에서 오래 근무함으로써 회사운영, 매출, 인사 등에 관한 지식이 높아 여러 부분에서 계약경비보다 비용이 적게 든다.

② 계약경비는 자체경비에 비해 고용주나 회사에 대하여 상대적으로 충성심이 높다.

③ 계약경비는 자체경비에 비해 비상시 인적자원을 탄력적으로 운영할 수 있다.

④ 자체경비는 인사관리 측면에서 결원의 보충이 용이하다.

9 화재발생 시 경비원의 피난유도 원칙으로 옳지 않은 것은?

① 초고층 빌딩 등 특수한 경우를 제외하고 엘리베이터는 사용하지 않는다.

② 연기가 상승하는 속도는 사람이 계단을 오르는 속도보다 느리므로 반드시 옥상으로 유도한다.

③ 피난자가 다수인 경우에는 사람들을 분산하여 혼란을 방지하고 위험장소에 있는 자가 조기에 피난할 수 있도록 한다.

④ 화재층을 기준으로 화재층, 상층, 하층 순으로 피난시킨다.

10 신종금융범죄 유형에 관한 설명으로 옳지 않은 것은?

① 파밍(Pharming) – 악성코드에 감염된 사용자 PC를 조작하여 금융정보를 빼내는 행위

② 피싱(Phishing) – 가짜사이트로 접속을 유도하여 은행 계좌정보 등을 불법적으로 알아내 이를 이용하는 행위

③ 메모리해킹(Memory Hacking) – 악의적인 내용을 담은 전자우편을 인터넷상의 불특정 다수에게 무차별로 살포하여 온라인 공해를 일으키는 행위

④ 스미싱(Smishing) – 문자메시지 내의 인터넷 주소를 클릭하면 악성코드를 스마트폰에 설치하여 금융정보를 탈취하는 행위

11 청원경찰의 분사기 및 무기의 휴대에 관한 내용으로 옳은 것은?

① 청원경찰은 근무 중 제복을 착용하여야 하며 청원경찰의 복제(服制)와 무기 휴대에 필요한 사항은 대통령령으로 정한다.

② 청원경찰로 하여금 분사기를 휴대하여 직무를 수행하게 하고자 하는 경우 청원주는 총포·도검·화약류 등 단속법에 따라 관할 경찰서장에게 소지신고를 하여야 한다.

③ 관할 경찰서장이 대여할 수 있는 무기는 청원주가 국가에 기부채납한 무기에 한하지 않는다.

④ 청원주가 무기와 탄약을 출납하려는 경우 청원주는 청원경찰에게 지급한 무기와 탄약을 월 2회 손질하게 하여야 한다.

12 A는 군복무를 필하고 청원경찰로 2년간 근무하다가 퇴직하였다. 그 후 다시 청원경찰로 임용되었다면 청원경찰법령상 봉급산정에 있어서 산입되는 경력은? (단, A가 배치된 사업자의 취업규칙에 특별한 규정이 없는 것을 전제로 한다)

① 군 복무경력과 청원경찰로 근무한 경력 중 어느 하나만 산입하여야 한다.

② 군 복무경력은 반드시 산입하여야 하고, 청원경찰 경력은 산입하지 않아도 된다.

③ 군 복무경력과 청원경찰의 경력을 모두 산입하여야 한다.

④ 군 복무경력은 산입하지 않아도 되고, 청원경찰경력은 산입하여야 한다.

13 청원주와 관할 경찰서장이 공통적으로 비치해야 할 문서와 장부는?

① 청원경찰 명부　　　　　　　② 무기·탄약 출납부
③ 전출입 관계철　　　　　　　④ 징계 관계철

14 청원주가 부담해야 하는 청원경찰경비가 아닌 것은?

① 청원경찰에게 지급할 봉급 및 각종 수당   ② 청원경찰의 피복비
③ 청원경찰의 교육비   ④ 청원경찰의 의료비

15 청원경찰의 신분보장에 관한 설명으로 옳지 않은 것은?

① 청원주가 청원경찰을 면직시킨 때에는 그 사실을 관할 경찰서장을 거쳐 시·도경찰청장에게 보고하여야 한다.
② 청원경찰은 형의 선고·징계처분으로 직무를 감당하지 못할 때에는 그 의사에 반하여 면직될 수 있다.
③ 청원경찰은 신체상의 이상이 있는 경우에도 그 의사에 반하여 면직될 수는 없다.
④ 청원경찰은 원칙적으로 본인의 의사에 반하여 면직될 수 없다.

16 청원경찰의 임용, 배치, 경비에 대한 설명으로 옳지 않은 것은?

① 청원경찰의 임용자격은 18세 이상인 사람으로 행정안전부령으로 정하는 신체조건에 해당하는 사람에 한한다.
② 청원주가 청원경찰을 임용한 때에는 15일 이내에 그 임용사항을 관할 경찰청장에게 보고하여야 한다.
③ 청원주는 청원경찰을 신규로 배치한 때에는 배치지 관할 경찰서장에게 이를 통보하여야 한다.
④ 원칙적으로 청원경찰경비의 최저부담기준액 및 부담기준액은 순경의 것을 고려하여 다음 연도분을 매년 12월에 고시하여야 한다.

17 청원경찰에 대한 징계처분과 관련된 내용 중 옳지 않은 것은?

① 청원주는 청원경찰이 직무상의 의무를 위반하거나 직무를 태만히 하면 징계처분하여야 한다.
② 감봉은 1월 이상 6월 이하로 하여 봉급의 2분의 1을 감한다.
③ 징계의 종류는 파면, 해임, 정직, 감봉, 견책의 5종류가 있다.
④ 청원주는 청원경찰의 배치결정통지를 받은 후 15일 이내에 징계규정을 제정해야 한다.

18 청원경찰법 제1조의 내용이다. (   )안에 들어갈 용어로 옳은 것은?

> 청원경찰법의 청원경찰의 직무·임용·배치·보수·(   ) 및 그 밖에 필요한 사항을 규정함으로써 청원경찰의 원활한 운영을 목적으로 한다.

① 무기휴대　　　　　　　　② 신분보장
③ 사회보장　　　　　　　　④ 징계

19 청원경찰 임용승인신청서의 첨부서류에 해당하지 않는 것은?

① 이력서 1부
② 주민등록등본 1부
③ 가족관계등록부 중 기본증명서 1부
④ 최근 3개월 이내에 발행한 채용신체검사서 1부

20 청원경찰의 직무에 관한 설명으로 옳지 않은 것은?

① 청원경찰은 청원주와 관할 경찰서장의 감독을 받아 그 경비구역만의 경비를 목적으로 필요한 범위에서 「경찰관 직무집행법」에 따른 경찰관의 직무를 수행한다.
② 청원경찰이 직무를 수행할 때에 「경찰관 직무집행법」 및 같은 법 시행령에 따라 하여야 할 모든 보고는 관할 경찰서장에게 서면으로 보고하기 전에 지체 없이 구두로 보고하고 그 지시에 따라야 한다.
③ 청원경찰은 「형법」이나 그 밖의 법령에 따른 벌칙을 적용하는 경우와 청원경찰법 및 같은 법 시행령에서 특별히 규정한 경우를 제외하고는 공무원으로 본다.
④ 청원경찰은 「경찰관 직무집행법」에 따른 직무 외의 수사활동 등 사법경찰관리의 직무를 수행해서는 아니 된다.

1 고려시대의 행정기관과 그 역할이 바르게 연결된 것은?

① 삼사 – 국정 전반에 걸친 중요사항 결정
② 중추원 – 규사기밀, 왕명출납
③ 어사대 – 화폐와 곡식 출납, 회계
④ 도병마사 – 풍속의 교정, 관리의 비리 감찰

2 조선의 통치기구에 대한 설명 중 옳은 것은?

① 의정부는 최고의 행정집행기관으로 그 중요성에 의해 점차 실권을 강화하였다.
② 홍문관은 정치의 득실을 논하고 관리의 잘못을 규찰하고 풍기·습속을 교정하는 일을 담당하였다.
③ 예문관과 춘추관은 대간(臺諫)이라 불렸는데, 임명된 관리의 신분·경력 등을 심의·승인하는 역할을 담당하였다.
④ 지방 양반들로 조직된 향청은 수령을 보좌하고 풍속을 바로 잡고 향리를 규찰하는 등의 임무를 맡았다.

3 다음은 고대 사회 귀족들의 합의제도에 대한 내용이다. 각 사회의 모습으로 옳지 않은 것은?

> ㉠ 감옥이 없고 범죄자가 있으면 제가들이 모여서 의논하여 사형에 처하고, 처자는 몰수하여 노비로 삼는다.
>
> ㉡ 호암사에 정사암이라는 바위가 있다. 국가에서 재상을 뽑을 때 후보자 3~4명의 이름을 써서 상자에 넣어 바위 위에 두었다. 얼마 뒤에 열어 보아 이름 위에 도장이 찍혀 있는 자를 재상으로 삼았다.
>
> ㉢ 큰일이 있을 때에는 반드시 중의를 따른다. 이를 화백이라 부른다.

① ㉠은 고구려, ㉡은 백제, ㉢은 신라에 대한 설명이다.
② ㉠ 국가는 적에게 항복한 자나 전쟁 패배자를 사형에 처했으며 도둑질한 자에게는 12배를 배상하도록 하였다.
③ ㉡ 국가의 귀족들은 중국 고전과 역사서를 탐독하고 한문을 능숙하게 구사하였으며 관청의 실무에도 밝았다. 또한 투호나 바둑, 장기 등을 즐겼다.
④ ㉢의 기원은 여러 부족의 대표들이 함께 모여 정치를 운영하던 것으로 과반수가 찬성하면 의견이 통과되었다.

4 다음 중 조선시대의 호패법에 관한 설명으로 옳지 않은 것은?

① 양반과 노비도 착용하게 하였다.
② 인력의 징발을 목적으로 하였다.
③ 신분에 따라 호패의 재료를 달리하였다.
④ 16세 이상의 남자와 여자에게 발급되었다.

5 다음 중 조선 후기 가족제도에 관한 설명으로 옳은 것은?

① 남귀여가혼이 일반적으로 행해졌다.

② 아들과 딸이 부모 재산을 똑같이 상속받았다.

③ 제사는 형제가 돌아가면서 지내거나 책임을 분담하였다.

④ 아들이 없는 집안에서는 양자를 들이는 것이 일반화되었다.

6 고려시대의 교육제도와 관련된 다음과 같은 사실들이 초래한 문제점을 해결하기 위한 방법으로 옳지 않은 것은?

> • 과거시험을 관리하던 자들이 여러 사립학교를 설립하였다.
> • 문하시중을 지낸 최충은 후학 지도에 탁월한 능력을 발휘하였다.

① 장학재단인 양현고를 설치 · 운영하였다.

② 개경에 경사 6학의 제도를 실시하였다.

③ 12목에 경학박사를 보내어 가르치게 하였다.

④ 국학에 7재를 두어 유학교육을 강화하였다.

7 다음 서적들에 대한 설명 중 옳지 않은 것은?

① 「해동고승전」은 고려 시대 승려 각훈이 지은 우리나라 최고의 승전이다.

② 「제왕운기」는 우리 역사의 서술을 단군부터 시작하여 중국의 역사만큼이나 유구하다고 보았다.

③ 「삼국유사」는 단군의 건국이야기를 수록하였고, 우리 고유문화와 전통을 중시하였으며 불교사를 중심으로 서술되었다.

④ 「동국통감」은 고조선부터 고려 말까지의 역사를 강목체로 서술하였다.

8 조선 후기의 과학기술에 대한 내용이다. 이를 토대로 조선 후기의 과학기술의 영향으로 옳은 것은?

- 농학 – 「농가집성」, 「색경」 등의 농서가 저술되었다.
- 천문학 – 김석문, 홍대용 등은 지전설을 주장하였다.
- 의학 – 「동의보감」, 「침구경험방」, 「마과회통」 등이 편찬되었다.
- 지리학 – 김정호가 청구도, 대동여지도를 제작하였고, 중국에서 만국지도가 전래되었다.

- ㉠ 과학 기술은 통치의 한 방편으로 연구되었다.
- ㉡ 서양의 과학 기술은 전통적 과학 기술을 압도하였다.
- ㉢ 국민들의 생활개선을 중요시하는 경향이 생겨났다.
- ㉣ 중국 중심의 세계관을 벗어나는 데 기여하였다.

---

① ㉠, ㉡   ② ㉠, ㉢
③ ㉡, ㉢   ④ ㉢, ㉣

9 대한제국 당시에 써진 다음 글과 관련된 민족운동은?

근대 우리나라는 국유광산이라든지, 철도기지·서북삼림·연해어업 등 이 모든 것에 대한 외국인
들의 권리 취득 요구가 그칠 줄 모르는데, 오늘에 이르러서는 일인들이 또다시 국내 산림과 원야
개발권까지 허가해 줄 것을 요청하기에 이를 정도로 극심해졌으니, 정부는 또 이 요구를 허가할
작정인가. 만일 이것마저 허가한다면 외국인들이 이 위에 또다시 요구할 만한 무엇이 남아 있겠
으며, 우리도 또한 무엇이 남아서 이런 요구에 응할 것이 있겠는가.

〈이상재의 상소문〉

---

① 항일 의병운동   ② 상권 수호운동
③ 근대적 주식회사 설립   ④ 이권 침탈 저지운동

10 다음의 정책들이 나오게 된 공통적인 이유는 무엇인가?

> • 1968년 국민교육헌장의 선포
> • 1973년 중·고등학교 국사교과서의 국정화
> • 1973년 반공교육과 국민윤리교육의 강화

① 정권의 장기집권을 위한 이데올로기의 창출
② 평화적 통일을 위한 민족공동체 의식의 고양
③ 농어촌의 생활개선과 근대적 의식으로의 개혁 추구
④ 급격한 국제화로 야기된 민족주의 의식의 약화 방지

11 다음은 서울의 역사에 대한 설명이다. 틀린 것은?

① 서울이라는 명칭의 유래는 삼국시대의 신라 때로 보고 있으며, 서울은 과거 백제, 조선의 수도 였다.

② 서울은 신석기시대부터 삼국시대, 고려, 조선을 거쳐 약 2000년의 역사를 지녔다.

③ 고려시대 서울의 이름은 한성이었다.

④ 경성시에서 서울시로 명칭이 공식적으로 바뀐 것은 1946년이며 1949년에는 서울특별시로 전환 되었다.

12 다음 중 서울시에서 시행하고 있는 기후동행카드에 대한 설명으로 옳지 않은 것은?

① 기후동행카드는 1회 요금 충전으로 6개월 간 지하철과 버스를 무제한 이용할 수 있는 대중교통 정기권이다.

② 이용범위는 서울지역 지하철과 김포골드라인, 서울시 면허를 가진 시내·마을버스, 따릉이로 한 정한다.

③ 버스의 경우 서울시 면허 버스는 서울지역 외에서 승하차하더라도 기후동행카드의 사용이 가능 하다.

④ 지하철의 경우 이용범위 내 역에서 승차 후 이용범위 외 역에서 하차할 경우 기후동행카드의 사 용은 불가능하다.

13 다음 중 서울비전 2030이 제시한 최상위 비전은?

① 세계가 함께하는 도시 서울   ② 글로벌 선도도시 서울

③ 아이러브 서울   ④ 다시 뛰는 공정도시 서울

14 아그레망(Agrement)에 대한 설명으로 옳은 것은?

① 외교사절 임명에 앞서 행하는 접수국의 동의절차이다.
② 외교사절 임명에 앞서 자국 원수의 동의절차이다.
③ 남아프리카에서 행해져 온 인종차별과 인종격리정책을 말한다.
④ 유엔가입 신청 시 안전보장이사회에서 동의하는 절차이다.

15 대도시에 취직한 시골 출신자가 고향으로 돌아가지 않고 지방 도시로 직장을 옮기는 형태의 노동력 이동은?

① J턴 현상
② U턴 현상
③ 도넛 현상
④ 스프롤 현상

16 주택담보대출을 취급했던 은행계에서 상품을 없애자 자금융통이 급급한 고객들이 제2금융권으로 몰리는 현상과 관련이 있는 것은?

① 풍선 효과
② 칵테일파티 효과
③ 피그말리온 효과
④ 스티그마 효과

17 동양도덕의 밑바탕을 이루고 있는 삼강오륜(三綱五倫)에 속하지 않는 것은?

① 장유유서(長幼有序)
② 군위신강(君爲臣綱)
③ 교우이신(交友以信)
④ 부부유별(夫婦有別)

18 정지궤도위성을 설명한 것 중 옳지 않은 것은?

① 적도 상공에서 정지한 상태로 작용하기 때문에 운영비를 대폭 줄일 수 있다.

② 정지궤도위성의 고도는 약 36,000㎞이다.

③ 통신 · 기상 분야뿐만 아니라 위성방송(DBS)도 정지위성을 이용한다.

④ 최근에 발사된 국산 과학위성 우리별 2호는 정지위성이 아니다.

19 대도시가 주변 도시의 인구 및 경제력을 흡수하는 대도시 집중현상을 무엇이라고 하는가?

① 빨대 현상   ② 스프롤 현상
③ 도넛 현상   ④ U턴 현상

20 다음이 설명하는 용어는?

제조업체가 제공한 조리법을 따르지 않고 창의적으로 제조법을 창조해 자신만의 스타일로 제품을
즐기는 소비자를 일컫는다. 대표적으로 짜파구리(짜파게티+너구리)가 그 예인데, 이들에게 제조
업체가 제공하는 조리법은 참고용에 지나지 않는다. 주로 SNS, TV 등을 통해 이색적인 레시피를
공유하며 최근 이를 활용한 마케팅이 뜨고 있다.

① 그린슈머   ② 블루슈머
③ 리뷰슈머   ④ 모디슈머

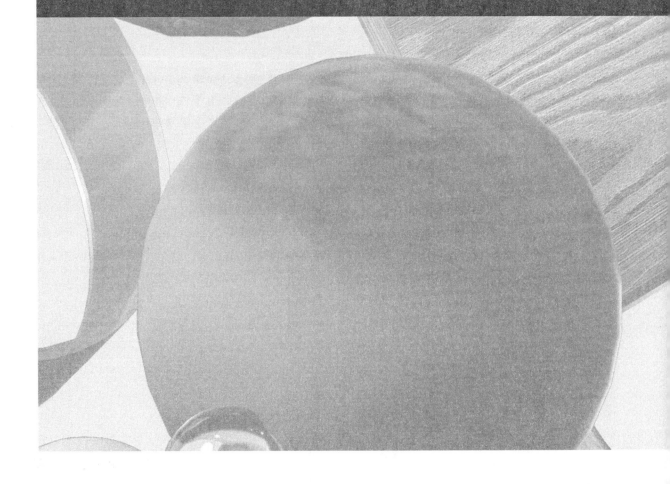

PART

02 정답 및 해설

▶▶▶ 제1과목 **민간경비론**

1 ④

경비업법상 정의〈경비업법 제2조〉

㉠ 시설경비업무 : 경비를 필요로 하는 시설 및 장소에서의 도난·화재, 그 밖의 혼잡 등으로 인한 위험발생을 방지하는 업무를 말한다.

㉡ 호송경비업무 : 운반 중에 있는 현금·유가증권·귀금속·상품, 그 밖의 물건에 대하여 도난·화재 등 위험발생을 방지하는 업무를 말한다.

㉢ 신변보호업무 : 사람의 생명이나 신체에 대한 위해의 발생을 방지하고 그 신변을 보호하는 업무를 말한다.

㉣ 기계경비업무 : 경비대상시설에 설치한 기기에 의하여 감지·송신된 정보를 그 경비대상시설 외의 장소에 설치한 관제시설의 기기로 수신하여 도난·화재 등 위험발생을 방지하는 업무를 말한다.

㉤ 특수경비업무 : 공항(항공기를 포함한다) 등 대통령령이 정하는 국가중요시설의 경비 및 도난·화재, 그 밖의 위험발생을 방지하는 업무를 말한다.

2 ②

② 형식적 개념의 민간경비에 대한 설명이다.

※ 민간경비의 개념

  ㉠ 협의(狹義)의 개념 : 고객(국민)의 생명·신체·재산보호, 질서유지를 위한 범죄예방활동

  ㉡ 광의(廣義)의 개념 : 경비의 3요소(방범, 방재, 방화) 모두를 포함하는 넓은 개념

  ㉢ 실질적 개념 : 국민의 생명과 신체, 재산보호, 사회적 손실 감소와 질서유지를 위한 일체의 활동

  ㉣ 형식적 개념 : 실정법인 경비업법에서 규정하는 업무를 수행하고, 동법에 의해 허가받은 법인에 의해 수행되는 활동

3 ④

④ 범죄연령은 점차 낮아지는 추세이다.

※ 우리사회 청소년 범죄 증가와 연령은 점차 낮아지고 있으며, 최근 5년간 검찰에 넘겨진 10~12세 촉법소년이 132% 증가한 것으로 나타났다. 과거에는 전체 범죄의 절반이 절도, 4분의 1이 폭력이었지만 최근엔 방화, 강도, 강간, 살인, 마약 등 강력범죄도 크게 늘어나고 있는 추세이다.

4 ①

계약경비의 의의

㉠ 자체적으로 경비조직을 두지 않고 외부의 경비업체를 선정하여 경비업무를 시행하게 하는 것이다.

㉡ 경비업무를 조직적으로 운영하고 있고 전문성을 갖추고 있으므로 높은 경비서비스를 제공할 수 있다.

㉢ 기업 자체에서 운영하는 것보다 저렴한 비용으로 경비서비스를 받을 수 있다.

※ 자체경비와 계약경비의 비교

구분	자체경비	계약경비
비용	고가	저가
이용기간	장기간	단기간
인사상문제	복잡하다(해임 어려움).	단순하다(해임 간편함).
객관성	고용주 의식 有	고용주 의식 無
전문성	낮다.	높다.

5 ②

주거시설 경비는 점차 인력경비에서 기계경비로 변화하고 있다.

6 ③

③ 초음파감지기는 초음파를 검출하는 장치로 송신장치와 수신장치가 일정한 진동파를 주고 받도록 설치된 상태에서 외부의 어떠한 물체가 들어오게 되면, 그 파동이 변화량을 감지하여 경보를 보내는 장치를 말한다.

※ 무인경비 시스템은 대표적으로 자석감지기, 열선감지기, 적외선감지기로 구성하며 시설마다, 장소마다 설치되는 감지기는 각기 다르다.

7 ②

① 가급 – 국방 · 국가기간산업 등 국가의 안전보장에 고도의 영향을 미치는 행정시설

③ 다급 – 국가보안상 국가경제 · 사회생활에 중요하다고 인정되는 행정 및 산업시설

④ 라급 – 중앙부처장 또는 시 · 도지사가 필요하다고 지정한 행정 및 산업시설

8 ①

① 함정문(Trap Door) : OS나 대형프로그램 개발 중 Debugging을 핑계로 자료를 유출하는 것을 말한다.

9 ④

부정조작의 유형

㉠ **투입조작** : 일부 자료를 은닉, 변경된 자료나 허구의 자료 등을 입력, 잘못된 산출을 초래하게 하는 방법을 말한다.

㉡ **프로그램조작** : 기존 프로그램을 변경하거나 기본 프로그램과 전혀 다른 새로운 프로그램을 작성·투입하는 방법을 말한다.

㉢ **콘솔조작** : 컴퓨터 체계의 시동, 정지, 운영상태 감시 정보처리 내용과 방법의 변경 및 수정에 사용되는 것을 부당하게 조작, 기업정부 등을 변경하는 것을 막한다.

㉣ **산출물조작** : 정당하게 처리 산출된 결과물의 변경을 의미한다.

10 ①

② 최근에 인력경비를 줄이고, 기계경비를 중심으로 변화하면서 민간경비의 질적 향상이 도모되고 있다.

③ 청원경찰과 민간경비의 이원적 운용으로 인해 여러 문제점들이 발생하고 있다.

④ 경찰 및 교정업무의 민영화 추세는 민간경비업 증가의 한 요인이 된다.

11 ④

① 청원경찰이 직무를 수행할 때에 「경찰관 직무집행법」 및 같은 법 시행령에 따라 하여야 할 모든 보고는 관할 경찰서장에게 서면으로 보고하기 전에 지체 없이 구두로 보고하고 그 지시에 따라야 한다〈청원경찰법 시행규칙 제22조〉.

② 청원경찰은 청원경찰의 배치 결정을 받은 자(청원주)와 배치된 기관·시설 또는 사업장 등의 구역을 관할하는 경찰서장의 감독을 받아 그 경비구역만의 경비를 목적으로 필요한 범위에서 「경찰관 직무집행법」에 따른 경찰관의 직무를 수행한다〈청원경찰법 제3조〉.

③ 청원경찰의 제복·장구 및 부속물에 관하여 필요한 사항은 행정안전부령으로 정한다〈청원경찰법 시행령 제14조 제2항〉.

④ 〈청원경찰법 제10조의2〉

12 ①

청원주가 구비하고 있어야 할 문서와 장부〈청원경찰법 시행규칙 제17조 제1항〉

㉠ 청원경찰 명부

㉡ 근무일지

㉢ 근무 상황카드

㉣ 경비구역 배치도

㉤ 순찰표철

㉥ 무기·탄약 출납부

㉦ 무기장비 운영카드

㉧ 봉급지급 조서철

㉨ 신분증명서 발급대장

㉩ 징계 관계철

㉪ 교육훈련 실시부

㉫ 청원경찰 직무교육계획서

㉬ 급여품 및 대여품 대장

㉭ 그 밖에 청원경찰의 운영에 필요한 문서와 장부

13 ④

청원경찰의 배치 신청〈청원경찰법 시행령 제2조〉 ··· 청원경찰의 배치를 받으려는 자는 청원경찰 배치신청서에 다음 ㉠㉡의 서류를 첨부하여 기관·시설·사업장 또는 장소의 소재지를 관할하는 경찰서장(이하 "관할 경찰서장"이라 한다)을 거쳐 시·도경찰청장에게 제출하여야 한다. 이 경우 배치 장소가 둘 이상의 도(특별시, 광역시, 특별자치시 및 특별자치도를 포함한다.)일 때에는 주된 사업장의 관할 경찰서장을 거쳐 시·도경찰청장에게 한꺼번에 신청할 수 있다.

㉠ 경비구역 평면도 1부
㉡ 배치계획서 1부

14 ①

국가기관이나 지방자치단체에 근무하는 청원경찰의 직무상 불법행위에 대한 배상책임은 국가배상법이 적용되며 그 외의 청원경찰에 대해서는 민법의 규정을 따른다.

※ **청원경찰법 제10조의2** ··· 청원경찰(국가기관이나 지방자치단체에 근무하는 청원경찰은 제외한다)의 직무상 불법행위에 대한 배상책임에 관하여는 「민법」의 규정을 따른다.

※ **국가배상법 제2조 제1항** ··· 국가나 지방자치단체는 공무원 또는 공무를 위탁받은 사인이 직무를 집행하면서 고의 또는 과실로 법령을 위반하여 타인에게 손해를 입히거나, 「자동차손해배상 보장법」에 따라 손해배상의 책임이 있을 때에는 이 법에 따라 그 손해를 배상하여야 한다. 다만, 군인·군무원·경찰공무원 또는 향토예비군대원이 전투·훈련 등 직무 집행과 관련하여 전사(戰死)·순직(殉職)하거나 공상(公傷)을 입은 경우에 본인이나 그 유족이 다른 법령에 따라 재해보상금·유족연금·상이연금 등의 보상을 지급받을 수 있을 때에는 이 법 및 「민법」에 따른 손해배상을 청구할 수 없다.

15 ③

③ 청원경찰의 교육기간은 2주로 한다〈청원경찰법 시행규칙 제6조〉.

16 ③

당연퇴직〈청원경찰법 제10조의6〉
㉠ 임용결격사유에 해당되었을 때
㉡ 청원경찰의 배치가 폐지되었을 때
㉢ 나이가 60세가 되었을 때. 다만, 그 날이 1월부터 6월 사이에 있으면 6월 30일에, 7월부터 12월 사이에 있으면 12월 31일에 각각 당연 퇴직된다.

17 ③

청원주가 부담하는 청원경찰경비〈청원경찰법 제6조 제1항〉

㉠ 청원경찰에게 지급할 봉급과 각종 수당

㉡ 청원경찰의 피복비

㉢ 청원경찰의 교육비

㉣ 보상금 및 퇴직금

18 ③

③ 청원주의 봉급·수당의 최저부담기준액(국가기관 또는 지방자치단체에 근무하는 청원경찰의 봉급·수당은 제외한다)과 청원경찰의 피복비, 교육비 비용의 부담기준액은 경찰청장이 정하여 고시한다〈청원경찰법 제6조 제3항〉.

19 ④

④ 청원경찰(국가기관이나 지방자치단체에 근무하는 청원경찰은 제외한다)의 직무상 불법행위에 대한 배상책임에 관하여는 「민법」의 규정을 따른다〈청원경찰법 제10조의2〉.

① 〈청원경찰법 제10조 제2항〉

② 〈청원경찰법 제10조의4 제1항〉

③ 〈청원경찰법 제10조 제1항〉

20 ④

보상금 지급사유〈청원경찰법 제7조〉

㉠ 직무수행으로 인하여 부상을 입거나, 질병에 걸리거나 또는 사망한 경우

㉡ 직무상의 부상·질병으로 인하여 퇴직하거나, 퇴직 후 2년 이내에 사망한 경우

1 ①

삼국의 성립

② 백제는 우수한 철기 문화를 보유한 고구려 계통의 북방 유이민이 지배층을 형성하였다.

③ 신라는 박·석·김의 세 집단이 번갈아 왕위를 차지하였다. 주요 집단들의 독자적인 세력 기반을 유지하면서 유력 집단의 우두머리가 왕(이사금)으로 추대되었다.

④ 가야는 낙동강 하류 변한지역에서 철기 문화를 토대로 농업생산력이 증대되어 등장한 정치집단들에 의해 성립되었다.

2 ④

조선과 일본과의 관계

㉠ **계해약조(1443)** : 세종 25년에 세견선 50척, 세사미두 200석 등의 제한된 범위 내에서 교역을 허락하였다.

㉡ **3포의 개항(1427)** : 세종 8년에 부산포, 염포, 제포를 개항하여 무역을 허용하였다.

㉢ **을묘왜변(1555)** : 명종 때 전라남도 연안지방을 습격, 이후 일본과 교류가 일시 단절되었다.

㉣ **쓰시마정벌(1419)** : 세종 1년에 이종무가 쓰시마섬을 정벌하여 왜구의 근절을 약속받고 돌아왔다.

㉤ **사량진왜변(1544)** : 중종 39년에 사량진에서 일어난 왜인들의 약탈사건으로 이후 인원수, 배 크기, 벌칙강화를 내용으로 하는 정미약조를 체결하였다.

3 ③

고려의 수취제도

③ 고려는 수취를 통해 거둔 조세를 각 군현의 농민을 동원하여 조창까지 옮긴 다음, 조운을 통해서 개경의 좌우창으로 운반하여 보관하였다.

① 어민에게 어염세를 걷거나 상인에게 상세를 거두어 재정에 사용하였다.

② 조세는 논과 밭으로 나누고 비옥한 정도에 따라 3등급으로 나누어 부과하였다.

④ 역은 국가에서 백성의 노동력을 무상으로 동원하였다.

4 ③

발해의 사회상

㉠ 말갈인은 고구려 전성기 때부터 고구려에 편입된 종족으로 발해 건국 후 일부는 지배층이 되거나 자신이 거주하는 촌락의 우두머리가 되어 국가 행정을 보조하였다.

㉣ 하층사회에서는 고구려나 말갈 사회의 전통적인 생활모습을 오랫동안 유지하고 있었다.

5 ③

조선시대의 가족제도의 특징

㉠ 가부장적 가족사회

㉡ 장자상속제

ⓒ 부계 친족 중심의 문중 형성

ⓔ 여성의 재가 금지

ⓜ 남존여비

ⓗ 적서차별

ⓢ 엄격한 족외혼

6 ④

고구려 문화의 영향을 받은 나라

㉠ 백제의 고분벽화는 고구려의 영향을 받았다.

㉡ 신라의 미술은 초기에 고구려의 영향을 많이 받았다.

㉢ 발해의 미술은 고구려 미술이 계승되어 어느 정도 부드러워지면서도 웅장하고 건실한 기풍을 나타낸다.

㉣ 일본 쇼토쿠 태자의 스승은 고구려의 승려 혜자였다. 혜관은 삼론종을 전파했으며, 도현은 「일본세기」를 저술하였다. 또 담징은 유교의 5경과 그림을 가르쳤고 종이와 먹의 제조방법까지 전해주었으며, 호류사의 금당벽화를 그렸다.

7 ④

제시된 내용은 정혜쌍수와 돈오점수에 대한 설명으로 지눌에 의한 주장이다. 지눌은 이를 통해 선종의 사상에 중점을 두면서 교종과 선종의 조화를 이루어 선·교 일치의 완성된 철학체계를 이룩하였다.

8 ④

④ 신미양요는 1871년(고종 8)에 미국 극동함대가 강화도에 쳐들어 온 사건이며 프랑스군이 침입한 사건은 병인양요(1866, 고종 3)이다. 또한 병인양요 때 프랑스 군이 약탈해간 조선 왕실 의궤는 2011년 프랑스 국립도서관에 있던 것을 우리나라가 5년 단위 임대 형식으로 반환받았다.

9 ③

조선의 사상

① 정도전은 여러 책을 집필하면서 고려 귀족사회의 정신적 지주였던 불교의 사회적 폐단과 철학적 비합리성을 비판, 공격하고 성리학만이 정학(正學)임을 이론적으로 정립해 조선시대 사상적 기반을 다졌다. 또한 조선의 통치규범을 나타낸 「조선경국전(朝鮮經國典)」은 「주례(周禮)」에서 재상중심의 권력체계와 과거제도, 병농일치적 군사제도의 정신을 빌려왔다.

② 이이에 대한 설명이다.

④ 정약용에 대한 설명이다.

10 ④

일제는 대한제국 말기에 차관제공을 통해 화폐정리 및 금융지배를 해나갔다. 이에 우리 민족은 1907년 국채보상운동을 전개하여 일제의 침략정책에 맞섰으나 일제의 방해로 중단되었다.

11 ②

2030년까지 확립해야 할 서울시의 미래상

㉠ 서울시가 2030년까지 확립해야 할 미래상으로 상생도시, 글로벌선도도시, 안심도시, 미래감성도시로 정했다.

㉡ 구체적으로 계층이동 사다리 복원, 국제 도시경쟁력 강화, 안전한 도시환경 구현, 멋과 감성으로 품격 제고라는 4가지 정책지향 아래 16대 전략목표, 78개 정책과제를 추진한다.

12 ④

기후동행 카드가격

㉠ **따릉이 제외** : 62,000원

㉡ **따릉이 포함** : 65,000원

13 ②

서울시는 2025년부터 '자녀출산 무주택가구'에 출생아 1명당 월 30만 원씩 2년간, 총 720만 원의 주거비를 지원한다. 이번 정책이 시작되면 연간 약 1만 가구가 주거비 지원 혜택을 받을 것으로 서울시는 기대하고 있다.

14 ④

예비타당성조사 … 우리나라는 1999년 김대중 정부 때 도입되어, 국가재정법상 총 사업비 500억 원 이상, 국고 지원 300억 원이 넘는 사업 등을 대상으로 한다.

① **마타도어** : 근거 없는 사실을 조작하여 상대를 중상모략하거나 흑색선전의 의미로 정치계에서 사용되는 용어다.

② **매니페스토** : 구체적인 예산과 추진 일정을 갖춘 선거 공약으로 우리나라에서는 2006년에 처음 사용되었다.

③ **예산회계법** : 1961년 12월에 공포된 국가의 예산과 회계에 관한 기본법으로, 2006년에 국가재정법 제정으로 폐지되었다.

15 ④

유동성 함정 … 시장에 현금이 흘러 넘쳐 구하기 쉬우나 기업의 생산 및 투자와 가계의 소비가 늘지 않아 경기가 나아지지 않고 마치 함정에 빠진 것처럼 보이는 상태를 말한다.

① **디플레이션** : 물가가 하락하고 경제활동이 침체되는 현상을 말한다.

② **피구 효과** : 물가하락에 따른 자산의 실질가치 상승이 소비를 증가시키는 현상을 말한다.

③ **톱니 효과** : 생산 또는 수준이 일정 수준에 도달하면 이전의 소비 성향으로 돌아가기 힘든 현상을 말한다.

16 ①

필리버스터 … 합법적인 방법과 수단으로 국회에서 고의적으로 의사진행을 지연시키는 무제한 토론 행위를 말한다. 오랜 시간 연설을 하거나 규칙발언을 반복하는 등의 방법으로 무제한으로 토론을 진행한다. '다수당의 독주를 막는 최후의 보루', '다수결 원리를 약화시키는 독'으로 평가되고 있다.

17 ①

ASEAN(동남아국가연합)
㉠ 회원국(10개국) : 말레이시아, 필리핀, 싱가포르, 인도네시아, 태국, 브루나이, 베트남, 라오스, 미얀마, 캄보디아
㉡ 완전 대화상대국(11개국) : 한국, 미국, 일본, 중국, 러시아, 캐나다, 호주, 뉴질랜드, 인도, EU, 영국
㉢ 부분 대화상대국(4개국) : 파키스탄, 노르웨이, 스위스, 튀르키예

18 ③

팍스 시니카(Pax Sinica) … 중국의 지배에 의한 세계질서의 유지를 이르는 표현으로 팍스 로마나, 팍스 브리태니카, 팍스 아메리카나에 이어 등장하였다. 중국은 홍콩·마카오의 반환을 계기로 고속성장을 이루고 있으며, 동남아시아뿐만 아니라 전 세계 화교들의 경제력을 바탕으로 중국이 세계를 중화사상을 중심으로 개편하려고 할 것으로 보고 그 시기를 이르는 표현이다. 과거 청대의 강희제부터 건륭제가 지배하던 130년간의(1662 ~ 1795) 중국은 티베트, 내·외몽고까지 영토를 확장시켰다. 이렇게 넓은 영토, 평화와 번영이 지속된 시기를 팍스 시니카라고 칭하기도 한다.

19 ④

에볼라 바이러스 … 급성 열성감염을 일으키는 바이러스이다. 감염에 의한 열성 질환은 갑작스러운 두통과 근육통, 발열이 발생한 후 전신 무력감과 피부발진, 저혈압, 그리고 흔히 전신성 출혈로 진행된다. 사망률이 약 60%에 이르는 중증 감염병이다.
① 신종플루
② 메르스
③ 신증후군출혈열

20 ②

온실효과 … 대기 중의 탄산가스와 수증기는 일반적으로 파장이 짧은 태양광선은 잘 통과시키나 파장이 긴 지구복사는 거의 통과시키지 못하고 흡수하여 지구에너지의 방출을 막게 되는데, 이로 인하여 지구의 대기가 보온되는 효과를 말한다. 지구온난화의 원인물질로는 이산화탄소(50%), 프레온가스(20%), 메탄 등이 있다.

▶▶▶ 제1과목 **민간경비론**

1 ③

③ 공경비는 공권력을 바탕으로 법 집행을 하는 것이 주된 업무이다.

※ 민간경비와 공경비

  ㉠ 민간경비 : 여러 가지 위해로부터 개인의 생명, 재산을 보호하기 위해 경비 서비스를 의뢰 받은 특정 고객에게 이들로부터 받은 경제적 이득만큼 반대급부를 제공하는 개인이나 단체 · 영리기업을 의미한다.

  ㉡ 공경비 : 일반적으로 경찰이 수행하는 일을 의미하는데 개인의 생명 및 재산을 보호하고 공공의 질서를 유지하는 공공의 이익과 안전을 도모하는 일련의 업무를 말한다.

2 ②

① 치안서비스 공동생산이론 : 범죄 등 수많은 사회문제를 극복할 수 있는 방안이 경찰력을 지속적으로 증대하는 것만이 범죄예방 및 통제에 대한 해답이 아니라는 이론이다.

③ 이익집단이론 : 민간경비를 하나의 독립된 행위자로 보고 그 이익을 추구할 수 있는 이익 추구 집단으로서의 활동에 따라 민간경비가 발전되었다는 이론이다.

④ 수익자부담이론 : 자본주의 사회에서 경찰의 공권력 작용은 질서유지와 체제수호와 같은 거시적 기능에 한정시키고, 개개인의 안전과 사유재산 보호는 해당 개인이나 집단이 스스로 담당해야 한다는 이론이다.

3 ③

㉠ 「청원경찰법」 제정 : 1962년

㉡ 사단법인 한국경비협회 설립 : 1978년

㉢ 「용역경비업법」 제정 : 1976년

㉣ 「경비업법」 개정으로 특수경비업무 추가 : 2001년

4 ④

㉠ 국내 치안여건의 변화 중 국회 불신에 관한 내용이다.

㉡ 국내 치안여건의 변화 중 부동산 정책의 실패에 해당한다.

5 ③

③ 사건 발생 시 인력경비는 기계경비에 비해 현장에서 신속하게 상황을 대처할 수 있다.

※ 인력경비와 기계경비
   ㉠ 인력경비 : 경비를 필요로 하는 시설 및 장소에 범죄 예방, 안전 등을 위해서 인력을 투입하여 경비를 제공하는 경비형태이다.
   ㉡ 기계경비 : 경비를 필요로 하는 경비 대상 시설에 첨단 과학 장비를 설치 · 제공하는 경비형태이다.

6 ④

기계경비
㉠ 사람을 대신하여 첨단장비를 이용해 경비를 수행하는 것을 말한다.
㉡ 기계경비는 무인기계경비와 인력요소가 혼합된 기계경비가 있다.
㉢ 기계경비시스템의 기본요소
 • 불법침입에 대한 감지
 • 침입정보의 전달
 • 침입행위의 대응

7 ③

화재의 종류별 급수

급수	A급	B급	C급	D급	E급
화재의 종류	일반화재	유류화재	전기화재	금속화재	가스화재
색상	백색	황색	청색	무색	황색

8 ④

컴퓨터 안전관리상의 관리적 대책
㉠ 근무자들에 대하여 정기적으로 배경조사를 실시한다.
㉡ 회사 내부의 컴퓨터 기술자, 사용자, 프로그래머의 기능을 각각 분리한다.
㉢ 회의를 통하여 컴퓨터 안전관리의 중요성을 인식시킨다.
㉣ 엑세스제도를 도입한다.
㉤ 레이블링을 관리한다.
㉥ 스케줄러를 점검한다.
㉦ 감시증거기록 삭제를 방지한다.

9 ③

경비지도사가 월 1회 이상 수행하여야 할 직무와 준수사항〈경비업법 제12조, 경비업법시행령 제17조〉

㉠ 경비원의 지도·감독·교육에 관한 계획의 수립·실시 및 그 기록의 유지

㉡ 경비현장에 배치된 경비원에 대한 순회점검 및 감독

㉢ 기계경비업무를 위한 기계장치의 운용·감독(기계경비지도사의 경우에 한한다)

㉣ 오경보방지 등을 위한 기기관리의 감독(기계경비지도사의 경우에 한한다)

10 ③

폐쇄회로 텔레비전(Closed Circuit Television)

㉠ 비디오 카메라를 이용해 특정 장소의 한정된 모니터로 신호를 전송한 방법이다.

㉡ 흔히 감시카메라에 사용되고 있다.

11 ③

    ③ 청원경찰(국가기관이나 지방자치단체에 근무하는 청원경찰은 제외한다)의 직무상 불법행위에 대한 배상책임에 관하여는 「민법」의 규정을 따른다〈청원경찰법 제10조의2〉.

12 ③

    ①② 국가공무원법상 국가공무원 결격사유에 해당한다〈국가공무원법 제33조 제2호, 제6호〉.

    ※ **청원경찰의 당연퇴직 사유**〈청원경찰법 제10조의6〉

        ㉠ 국가공무원법상 임용결격사유에 해당될 때

        ㉡ 청원경찰의 배치가 폐지되었을 때

        ㉢ 나이가 60세가 되었을 때. 다만, 그 날이 1월부터 6월 사이에 있으면 6월 30일에, 7월부터 12월 사이에 있으면 12월 31일에 각각 당연 퇴직된다.

13 ②

    청원주는 소속 청원경찰에게 그 직무집행에 필요한 교육을 매월 4시간 이상 하여야 한다〈청원경찰법 시행규칙 제13조 제1항〉.

14 ①

    보상금 … 청원주는 청원경찰이 다음의 어느 하나에 해당하게 되면 대통령령으로 정하는 바에 따라 청원경찰 본인 또는 그 유족에게 보상금을 지급하여야 한다〈청원경찰법 제7조〉.

    ㉠ 직무수행으로 인하여 부상을 입거나, 질병에 걸리거나 또는 사망한 경우

    ㉡ 직무상의 부상·질병으로 인하여 퇴직하거나, 퇴직 후 2년 이내에 사망한 경우

    ※ **퇴직금**〈청원경찰법 제7조의2〉 … 청원주는 청원경찰이 퇴직할 때에는 근로자퇴직급여 보장법에 따른 퇴직금을 지급하여야 한다. 다만, 국가기관이나 지방자치단체에 근무하는 청원경찰의 퇴직금에 관하여는 따로 대통령령으로 정한다.

15 ①

    청원주로부터 무기 및 탄약을 지급받은 청원경찰이 준수할 사항〈청원경찰법 시행규칙 제16조 제3항〉

    ㉠ 무기를 지급받거나 반납할 때 또는 인계인수시에는 반드시 '앞에 총' 자세에서 '검사 총'을 해야 한다.

    ㉡ 무기 및 탄약을 지급받았을 때에는 별도의 지시가 없으면 무기와 탄약은 분리하여 휴대해야 하며, 소총은 '우로 어깨 걸어 총', 권총은 '권총집에 넣어 총' 자세를 유지해야 한다.

    ㉢ 지급받은 무기는 다른 사람에게 보관 또는 휴대하게 할 수 없으며 손질을 의뢰할 수 없다.

    ㉣ 무기를 손질 또는 조작할 때에는 반드시 총구를 공중으로 향해야 한다.

ⓜ 무기 및 탄약을 반납할 때에는 손질을 철저히 해야 한다.
ⓗ 근무시간 이후에는 무기 및 탄약을 청원주에게 반납하거나 교대근무자에게 인계해야 한다.

16 ④
청원주는 청원경찰 배치 결정의 통지를 받았을 때에는 통지를 받은 날부터 15일 이내에 청원경찰에 대한 징계규정
을 제정하여 관할 시·도경찰청장에게 신고하여야 한다. 징계규정을 변경할 때에도 또한 같다〈청원경찰법 시행령
제8조 제5항〉.

17 ④
④ 직무상의 부상·질병으로 인하여 퇴직하거나, 퇴직 후 2년 이내에 사망한 경우에는 보상금을 지급하여야 한다
〈청원경찰법 제7조〉.

18 ②
② 청원주는 「총포·도검·화약류 등의 안전관리에 관한 법률」에 따른 분사기의 소지허가를 받아 청원경찰로 하여
금 그 분사기를 휴대하여 직무를 수행하게 할 수 있다〈청원경찰법 시행령 제15조〉
① 〈청원경찰법 시행령 제16조 제1항〉
③ 〈청원경찰법 시행령 제16조 제3항〉
④ 〈청원경찰법 시행규칙 제16조 제1항 제6호〉

19 ①
① 국외유학을 하게 된 경우는 휴직을 원하면 휴직을 명할 수 있는 사유이지 휴직을 명하여야 하는 사유가 아니다.
※ **휴직 및 명예퇴직**〈청원경찰법 제10조의7〉… 국가기관이나 지방자치단체에 근무하는 청원경찰의 휴직 및 명예퇴직
에 관하여는 「국가공무원법」을 준용한다.
㉠ 공무원이 다음의 어느 하나에 해당하면 임용권자는 본인의 의사에도 불구하고 휴직을 명하여야 한다.
• 신체·정신상의 장애로 장기 요양이 필요할 때
• 「병역법」에 따른 병역 복무를 마치기 위하여 징집 또는 소집된 때
• 천재지변이나 전시·사변, 그 밖의 사유로 생사 또는 소재가 불명확하게 된 때
• 그 밖에 법률의 규정에 따른 의무를 수행하기 위하여 직무를 이탈하게 된 때
• 「공무원의 노동조합 설립 및 운영 등에 관한 법률」에 따라 노동조합 전임자로 종사하게 된 때
㉡ 임용권자는 공무원이 다음의 어느 하나에 해당하는 사유로 휴직을 원하면 휴직을 명할 수 있다. 다만, 자녀양
육과 임신·출산의 경우에는 대통령령으로 정하는 특별한 사정이 없으면 휴직을 명하여야 한다.
• 국제기구, 외국 기관, 국내외의 대학·연구기관, 다른 국가기관 또는 대통령령으로 정하는 민간기업, 그 밖의
기관에 임시로 채용될 때

- 국외 유학을 하게 된 때
- 중앙인사관장기관의 장이 지정하는 연구기관이나 교육기관 등에서 연수하게 된 때
- 만 8세 이하 또는 초등학교 2학년 이하의 자녀를 양육하기 위하여 필요하거나 여성공무원이 임신 또는 출산하게 된 때
- 조부모, 부모(배우자의 부모를 포함한다), 배우자, 자녀 또는 손자녀를 부양하거나 돌보기 위하여 필요한 경우. 다만, 조부모나 손자녀의 돌봄을 위하여 휴직할 수 있는 경우는 본인 외에 돌볼 사람이 없는 등 대통령령 등으로 정하는 요건을 갖춘 경우로 한정한다.
- 외국에서 근무 · 유학 또는 연수하게 되는 배우자를 동반하게 된 때
- 대통령령등으로 정하는 기간 동안 재직한 공무원이 직무 관련 연구과제 수행 또는 자기개발을 위하여 학습 · 연구 등을 하게 된 때
- ⓒ **명예퇴직** : 공무원으로 20년 이상 근속한 자가 정년 전에 스스로 퇴직(임기제공무원이 아닌 경력직공무원이 임기제공무원으로 임용되어 퇴직하는 경우로서 대통령령으로 정하는 경우를 포함한다)하게 된 때

20 ④

근무요령 〈청원경찰법 시행규칙 제14조〉

- ㉠ 자체경비를 하는 입초근무자는 경비구역의 정문이나 그 밖의 지정된 장소에서 경비구역의 내부, 외부 및 출입자의 움직임을 감시한다.
- ㉡ 업무처리 및 자체경비를 하는 소내근무자는 근무 중 특이한 사항이 발생하였을 때에는 지체 없이 청원주 또는 관할 경찰서장에게 보고하고 그 지시에 따라야 한다.
- ㉢ 순찰근무자는 청원주가 지정한 일정한 구역을 순회하면서 경비 임무를 수행한다. 이 경우 순찰은 단독 또는 복수로 정선순찰(정해진 노선을 규칙적으로 순찰하는 것을 말한다)을 하되, 청원주가 필요하다고 인정할 때에는 요점순찰(순찰구역 내 지정된 중요지점을 순찰하는 것을 말한다) 또는 난선순찰(임의로 순찰지역이나 노선을 선정하여 불규칙적으로 순찰하는 것을 말한다)을 할 수 있다.
- ㉣ 대기근무자는 소내근무에 협조하거나 휴식하면서 불의의 사고에 대비한다.

1 ②

기인제도는 지방호족을 견제하기 위해서 그들의 자제를 수도에 오게 하여 왕실 시위를 맡게 한 제도였는데, 초기에는 볼모적인 성격이 강하였지만 이 기회를 이용해 교육을 받고 과거를 거쳐 중앙관리로 편입되기도 했다.

2 ②

② 당백전은 대원군이 실추된 왕실의 존엄성을 회복하기 위해 임진왜란 때 불타버린 경복궁을 중건하면서 부족한 재원을 메꾸기 위해 발행되었다.

※ 임진왜란의 영향

　㉠ **국내적 영향**

　　• 재정 궁핍 : 인구의 격감, 토지황폐, 토지대장의 소실로 재정수입이 감소되었다. 이에 대한 타개책으로 납속이나 공명첩이 발급되었다.

　　• 신분의 동요 : 호적대장과 노비문서의 소실, 공명첩과 속오군의 등장으로 신분의 구분이 모호해졌다.

　　• 민란의 발생 : 사회가 혼란해지면서 이몽학의 난과 같은 민란이 도처에서 일어났다.

　　• 문화재의 소실 : 경복궁과 불국사가 병화를 당했으며, 사고가 소실되었다

　㉡ **국제적 영향**

　　• 중국 : 조선과 명이 전쟁에 지친 틈을 계기로 북방의 여진족이 급속히 성장하여 청을 건국하였다.

　　• 일본 : 활자, 서적, 그림 등 문화재를 약탈하고 학자와 도공 등 기술자를 납치해 갔다. 그리하여 왜란 후에 성리학이 전해지고, 도자기술 · 회화 · 인쇄술이 발달하였다.

3 ②

고려시대와 조선시대 토지제도는 토지국유제의 원칙, 현직 관리에게 수조권 지급, 관등에 따른 차등지급, 세습불가 등의 유사점이 많다.

① 고려시대의 공전은 수확량의 4분의 1, 사전은 수확량의 2분의 1, 조선시대에는 공 · 사전을 막론하고 매 결당 10분의 1조를 국가에 납부하였다.

③ 고려시대와 조선시대 모두 고위관리에게 지급하는 공음전이라는 토지가 있었으나, 고려는 5품 이상의 관리에게 조선은 2품 이상의 관리에게 지급하였다.

④ 고려시대와 조선 초기에 외역전이라는 토지를 지급하였다.

4 ①

신라 말기의 사회상

② 중앙의 진골귀족들은 자신들의 특권적 지위 유지에만 연연하면서 골품제도에 집착하고 있었을 뿐만 아니라 국가 정신도 망각하였다.

③ 지방 호족들은 각 지방의 촌주·토호 및 몰락 귀족으로 형성되었으며, 이들은 각지의 선종 세력과 결합하여 신라의 중앙 정계에 항거하고, 지방의 막대한 농장과 사병을 소유하여 스스로 성군·장군이라 칭하며 지방의 행정을 장악하였다.

④ 최치원 등 6두품 지식인들은 신라 사회의 폐단을 시정하고 새로운 정치질서의 수립을 시도하였지만, 중앙 진골 귀족들에 의해 탄압당하거나 배척당하자 반신라적 세력을 형성하였다.

5 ②

② 동서대비원은 수도권 서민 환자의 구제를 담당하였다.

※ 조선시대 사회시설

  ㉠ 혜민국 : 약재 판매

  ㉡ 동·서 대비원 : 서민환자 구제

  ㉢ 제생원 : 지방민의 구호 및 진료

  ㉣ 동·서 활인서 : 유랑자 수용·구휼

6 ①

통일신라의 문화

① 원효는 「금강삼매경론」, 「대승기신론소」, 「십문화쟁론」 등의 저서를 통해 불교의 사상적 이해 기준을 확립하였다.

② 「화랑세기」의 저자는 김대문이고, 최치원의 작품으로는 「계원필경」, 「사산비명」이 대표적이다.

③ 풍수지리사상의 유행으로 신라 정부의 권위는 약화되었다.

④ 도교와 노장사상은 신라말기에 불교의 퇴폐적인 풍조에 반항하는 은둔적 사상이었다.

7 ②

② 성불사 응진전은 다포식 건물의 대표적인 예이다.

※ 다포양식과 주심포양식

  ㉠ 다포양식 : 기둥 위와 기둥 사이에 공포를 짜 올리는 방식이다. 하중이 기둥과 평방의 공포를 통해 벽채에 분산되므로, 지붕의 크기가 더욱 커져 중후·장엄한 모습이다.

  ㉡ 주심포양식 : 기둥 위에만 공포를 짜 올리는 방식이다. 하중이 공포를 통해 기둥에만 전달되기 때문에, 자연히 그 기둥은 굵고 배흘림이 많은 경향을 보이는 대신 간소하고 명쾌하다.

8 ③

③ 조선방역지도는 16세기에 만들어졌다.

※ **지리서의 편찬**

 ㉠ **지도** : 혼일강리역대국도(태종), 팔도도(세종), 동국지도(세조)

 ㉡ **지리지** : 신찬팔도지리지(세종), 동국여지승람(성종), 신증동국여지승람(중종)

9 ③

흥선대원군은 집권 후 안으로는 문란해진 기강을 바로 잡아 전제 왕권의 강화를 꾀하였고, 밖으로는 외세의 통상요구와 침략에 대비하는 정책을 강행하였다.

10 ④

 ㉣ **대한광복회**(1915) : 박상진과 김좌진을 중심으로 결성된 단체로 공화정을 추구하며 친일파를 처단하고 군자금 모금활동을 전개하였다.

 ㉡ **의열단**(1919) : 김원봉을 중심으로 결성된 무장단체로 김상옥, 나석주 등으로 하여금 식민통치기관을 파괴하는 활동을 전개하였다. 신채호는 의열단 선언문인 〈조선혁명선언〉을 작성하기도 하였다.

 ㉢ **참의부**(1923) : 대한민국 임시정부의 직할부대이다.

 ㉤ **근우회**(1927) : 민족유일당 운동으로 사회주의와 민족주의 계열 간 통합이 이루어지면서 신간회가 창립되었고, 그 자매단체로 여성 인권운동을 위한 근우회가 설립되었다.

 ㉠ **조선의용대**(1938) : 김원봉이 중심이 되어 조직된 군대로 중국 관내에서 조직된 최초의 한인 무장부대였다. 이후 충칭 임시정부 산하 한국광복군에 합류하였다.

11 ③

서울시가 확립해야 할 4대 미래상의 전략목표
- ㉠ **상생도시** : 열린공정 상생도시, 청년동반 성장도시, 50+ 시니어 활력도시, 균형발전도시
- ㉡ **글로벌선도도시** : 아시아경제 허브도시, 창업성장도시, 산업융합혁신도시, 감성문화 관광도시
- ㉢ **안심도시** : 시민주도 안심복지도시, 주거자립 안정도시, 시민건강도시, 재난안전도시
- ㉣ **미래감성도시** : 미래형 감성융합도시, 스마트교통도시, 디지털기반 선도도시, 친환경푸른도시

12 ③

디자인서울 2.0의 5대원칙
- ㉠ **공감** : 서울다움에 자부심과 즐거움을 느끼는 공감 디자인을 위해 자연녹지, 수변, 역사 문화, 시가지, 야간, 진입, 옥외광고물 등 경관 자원별 추진전략을 마련한다.
- ㉡ **포용** : 모두가 누리는 '포용' 디자인을 추구한다.
- ㉢ **공헌** : 서울시와 시민, 기업이 함께 만드는 공헌 디자인도 모색한다.
- ㉣ **회복** : 시민의 안전과 건강을 책임지는 회복 디자인을 강화한다.
- ㉤ **지속가능** : 환경과 경제를 살리는 지속 가능 디자인에도 집중한다.

13 ④

④ 모은 포인트는 '손목닥터9988 서울페이머니'로 전환하여 병원, 약국, 편의점(주류 및 담배 제외) 등 서울페이 가맹점에서 사용 가능하다.

14 ①

국민연금제도 … 노령이나 불의의 사고·질병으로 인한 장해 또는 사망 등으로 소득 상실 또는 축소된 경우에 공공기관에서 본인이나 그 유족에게 평생 정기적으로 일정액을 지급하는 소득보장제도를 말한다. 우리나라에서는 1988년부터 만 18세 이상 60세 미만 국내 거주 국민이 일정 기간 가입하여 혜택을 받는다. 단 공무원이나 국인 등 특수직 종사자는 제외한다.

15 ②

NPT(Nuclear Nonproliferation Treaty)
- ㉠ 핵확산금지조약을 이르는 말로, 핵을 보유하고 있지 않은 국가가 새로이 핵무기를 보유하는 것과 보유국이 비보유국에 핵무기를 넘기는 것을 동시에 금지하는 조약이다.
- ㉡ 이 조약은 1968년 7월 UN에서 채택되어 1970년 3월에 발효되었다. 최근 북핵 문제에 대해 구테흐스 UN 사무총장은 NPT 준수를 촉구하며 국제사회에 NPT 체제 강화 필요성을 제기하였다.

16 ③

목표에 의한 관리는 목표 달성 결과를 측정하므로 단기적인 목표에 주안점을 두고 장기적 목표를 경시할 가능성이 있다.

※ MBO 이론 … 목표설정의 가장 대표적이 예로 1965년 피터 드러커가 「경영의 실제」에서 주장한 이론이다. 작업에 대한 구체적인 목표를 설정해야 하며 이때, 구성원들이 계획 설정에 참여한다. 실적 평가를 위한 계획기간이 명시되어 있으며 실적에 대한 피드백 기능이 있다.

17 ①

헌법재판소 … 법률의 위헌 여부와 탄핵 및 정당해산에 관한 심판을 담당하는 국가기관이다. 현행헌법상 위헌법률심판권, 탄핵심판권, 위헌정당해산심판권, 권한쟁의심판권, 헌법소원심판권의 권한이 있다.

18 ①

벤치마킹(Bench Marking) … 초우량기업이 되기 위해 최고의 기업과 자사의 차이를 구체화하고 이를 메우는 것을 혁신의 목표로 활용하는 전략이다.

② **리스트럭쳐링(Restructuring)** : 기업들이 변화에 적극적으로 대응하고, 경쟁우위를 확보하기 위해 사업 구조를 개혁하는 전략이다.

③ **리엔지니어링(Reengineering)** : 업무재구축을 의미한다. 기업의 근본적인 체질개선을 위하여 기업공정을 획기적으로 다시 디자인하는 것으로 마이클 해머 박사가 「하버드 비즈니스 리뷰」에 처음 소개하였다.

④ **리포지셔닝(Repositioning)** : 소비자의 욕구나 경쟁환경 변화에 따라 기존 상품의 포지션을 새롭게 조정하는 전략을 말한다.

19 ④

④ 「도로교통법」 시행규칙 제77조에 따라 실문 운전면허증과 동일한 효력을 가진다.

② 모바일 신분증은 신원보증을 위해 블록체인 기반의 DID(Decentralized Identity)는 신원증명 기술을 적용한다.

20 ②

① 병률이 높고 급성형에 감염되면 치사율이 거의 100%에 이르기 때문에 양돈 산업에 엄청난 피해를 준다.

③ 프레온질병은 광우병이다.

④ 사용 가능한 백신이나 치료제는 없으며 모든 연령의 돼지가 감염될 수 있어 국내에 유입되지 않도록 하는 것이 최선이다.

1 ③

① 경제환원론은 미국이 경기침체를 보였던 1965~1972년에 민간경비시장의 성장이 다른 서비스업의 증가보다 두드 러졌다는 단순하고 단기적인 경험적 관찰에 의한 내용이다.

② 민간경비는 업무수행에 있어서 강제권을 수행할 수 없으며, 범죄진압은 공경비의 업무이다.

④ 공경비의 주체는 국가나 지방자치단체이며, 민간경비의 주체는 민간영리기업으로 상호 대립적 관계가 아닌 상호 보완적 관계를 유지하여야 한다.

2 ③

③ 경찰의 인력부족으로 경비수요를 충족하기 위해 발전하기 시작한 민간경비는 경찰과 상호보완적인 관계로 권위 주의적 경찰통제는 민간경비의 발전과 직접적인 연관이 없다.

※ 미국의 민간경비

　　㉠ 신개척지에 거주하던 사람들을 보호하기 위해 야간 경비원부터 시작되었다.

　　㉡ 보안관, 치안관, 경비원 등은 식민지 시대에 영국의 영향을 받아 생겨났다.

　　㉢ 서부개척시대에 금괴수송을 위해 민간경비가 시작되었다.

　　㉣ 철도경비의 시작으로 민간경비의 새로운 기회가 찾아오게 되었다.

　　㉤ 금을 운반하기 위해 역마차, 철도 등이 부설되었고, 이 때문에 역마차회사, 철도회사는 자체의 경비조직을 갖 지 않을 수 없게 되었으며 이와 같은 요청에 의해 생겨난 조직이 핑커톤 경비조직이다.

3 ③

우리나라 민간경비산업의 성장

　㉠ 1986년 아시안 게임과 1988년 서울올림픽을 계기로 성장하였다.

　㉡ 급작스런 경비수요의 증가로 민간경비업체가 크게 늘어났다.

　㉢ 1993년 대전엑스포박람회에서 민간경비업체가 크게 활약하였다.

　㉣ 최근 국가치안영역도 맡으면서 그 역할이 점점 커지고 있다.

4 ④

① 〈경비업법 제13조 제1항〉

② 〈경비업법 제13조 제1항〉 단서

③ 〈경비업법 제13조 제2항〉

④ 경비업무 관련 학과가 개설된 대학 등 경비원에 대한 교육을 전문적으로 수행할 수 있는 인력과 시설을 갖춘 기관 또는 단체 중 경찰청장이 지정하여 고시하는 기관 또는 단체도 포함된다〈경비업법 시행령 제18조 제1항 3호〉.

5 ③

신임교육은 이론교육 4시간과 실무교육 19시간으로 나뉜다〈경비업법 시행규칙 별표2〉.

※ 일반경비원 신임교육의 과목 및 시간〈경비업규칙 별표2〉

구분(교육시간)	과목	시간
이론교육(4시간)	「경비업법」 등 관계 법령	2
	범죄예방론	2
실무교육(19시간)	시설경비 실무	4
	호송경비 실무	2
	신변보호 실무	2
	기계경비 실무	2
	사고 예방대책	3
	체포 · 호신술	2
	장비 사용법	2
	직업윤리 및 서비스	2
기타(1시간)	입교식, 평가 및 수료식	1
계		24

6 ②

① 자물쇠의 단점을 보완하기 위해 고안된 장치이다.

② 특정시간에만 문이 열리고 닫히는 잠금장치를 말하는 것으로 은행이나 박물관 등의 출입문에 사용하면 적당하다.

③ 전기신호에 의해 열리고 닫히는 잠금장치로 일반적으로 원거리에서 제어할 수 있는 장점이 있다.

④ 문 하나가 잠기면 전체 출입문이 잠기는 것으로 교도소 같은 수감시설에서 사용되는 잠금장치이다.

7 ①

탐조등

㉠ 직류전기로 탄소봉(炭素棒)을 태워서 백색의 불꽃을 내게 하는 탄소아크등을 광원으로 사용하고, 반사거울을 갖추고 있으며, 직류전기를 공급하는 발전기가 부수되어 있다. 흔히 서치라이트라고도 한다.

㉡ 빛의 확산을 방지하고 원거리 표적을 유효하게 조명하기 위해서는 반사거울의 초점에 아크등의 불꽃을 고정시켜야 한다.

㉢ 탐조등은 예전에는 주로 야간에 적의 항공기 탐색용으로 사용되었으며 최근에는 주로 전장(戰場) 조명이나 해안경계용으로 쓰이고 있다.

8 ④

④ 사용자 도용은 정당한 접근권한 없이 또는 허용된 접근권한을 초과하여 정보통신망에 침입하는 것을 말한다.

※ 사이버 범죄

㉠ 경찰청에서는 사이버 범죄를 크게 사이버테러형 범죄와 일반사이버 범죄로 구분하고 있다.

㉡ 사이버테러형 범죄는 해킹, 바이러스 유포와 같이 고도의 기술적인 요소가 포함되어 정보통신망 자체에 대한 공격행위를 통해 이루어지는 것을 말한다.

㉢ 일반사이버 범죄는 전자상거래 사기, 프로그램 불법복제, 불법사이트 운영, 개인정보 침해, 사이버 스토킹, 사이버 성폭력, 협박·공갈 등과 같이 사이버 공간이 범죄의 수단으로 사용된 유형을 말한다.

9 ②

② 민간경비가 일반시민들로부터 긍정적 인식을 얻는 것은 국가 내지 사회전체적인 안전확보에도 기여한다.

10 ③

③ 민간경비와 경찰의 협력 및 관계개선 방안에 있어 경비원의 복장은 직접적인 연관성이 없다.

11 ④

④ 청원경찰이 직무를 수행할 때 직권을 남용하여 국민에게 해를 끼친 경우에는 6개월 이하의 징역이나 금고에 처한다〈청원경찰법 제10조〉.

12 ①

청원경찰의 징계〈청원경찰법 제5조의2〉

㉠ 청원주는 청원경찰이 다음 어느 하나에 해당하는 때에는 대통령령으로 정하는 징계절차를 거쳐 징계처분을 하여야 한다.
  • 직무상의 의무를 위반하거나 직무를 태만히 한 때
  • 품위를 손상하는 행위를 한 때
㉡ 청원경찰에 대한 징계의 종류는 파면, 해임, 정직, 감봉 및 견책으로 구분한다.
  • 정직은 1개월 이상 3개월 이하로 하고, 그 기간에 청원경찰의 신분은 보유하나 직무에 종사하지 못하며, 보수의 3분의 2를 줄인다.
  • 감봉은 1개월 이상 3개월 이하로 하고, 그 기간에 보수의 3분의 1을 줄인다.
  • 견책은 전과에 대하여 훈계하고 회개하게 한다.
㉢ 청원경찰의 징계에 관하여 그 밖에 필요한 사항은 대통령령으로 정한다.

13 ②

① 국가기관이나 지방자치단체에 근무하는 청원경찰의 직무상 불법행위에 대한 배상책임에 관하여는 국가배상법의 규정을 따르고, 이를 제외한 청원경찰의 직무상 불법행위에 대한 배상책임에 관하여는 민법의 규정을 따른다〈청원경찰법 제10조의2〉.
③ 청원경찰이 직무를 수행할 때 직권을 남용하여 국민에게 해를 끼친 경우에는 6개월 이하의 징역이나 금고에 처한다〈청원경찰법 제10조 제1항〉.
④ 청원경찰은 그 경비구역만의 경비를 목적으로 필요한 범위에서 경찰관직무집행법에 따른 경찰관의 직무를 수행하지만, 수사 활동 등 사법경찰관리의 직무를 수행할 수는 없다.
※ **청원경찰의 직무**〈청원경찰법 제3조〉… 청원경찰은 청원경찰의 배치 결정을 받은 자(이하 "청원주"라 한다)와 배치된 기관·시설 또는 사업장 등의 구역을 관할하는 경찰서장의 감독을 받아 그 경비구역만의 경비를 목적으로 필요한 범위에서 「경찰관 직무집행법」에 따른 경찰관의 직무를 수행한다.

14 ①

청원경찰은 청원주가 임용하되, 임용을 할 때에는 미리 시·도경찰청장의 승인을 받아야 한다〈청원경찰법 제5조 제1항〉.

15 ④

500만 원 이하의 과태료〈청원경찰법 제12조〉

㉠ 시·도경찰청장의 배치결정을 받지 아니하고 청원경찰을 배치하거나 시·도경찰청장의 승인을 받지 아니하고 청원경찰을 임용한 자

㉡ 정당한 사유없이 경찰청장이 고시한 최저부담기준액 이상의 보수를 지급하지 아니한 자

㉢ 시·도경찰청장의 청원주에 대한 지도·감독상 필요한 명령을 정당한 사유 없이 이행하지 아니한 자

16 ③

③ 피복은 청원주가 제작하거나 구입하여 정기지급일 또는 신규 배치 시에 청원경찰에게 현품으로 지급한다〈청원경찰법 시행규칙 제8조 제2호〉.

17 ②

소총의 탄약은 1정당 15발 이내, 권총의 탄약은 1정당 7발 이내로 출납하여야 한다. 이 경우 생산된 후 오래된 탄약을 우선하여 출납하여야 한다〈청원경찰법 시행규칙 제16조 제2항 제2호〉.

18 ③

청원경찰이 배치되는 시설〈청원경찰법 제2조 및 청원경찰법 시행규칙 제2조〉

㉠ 국가기관 또는 공공단체와 그 관리하에 있는 중요 시설 또는 사업장

㉡ 국내 주재 외국기관

㉢ 선박·항공기 등 수송시설

㉣ 금융 또는 보험을 업으로 하는 시설 또는 사업장

㉤ 언론·통신·방송 또는 인쇄를 업으로 하는 시설 또는 사업장

㉥ 학교 등 육영시설

㉦ 의료법에 의한 의료기관

㉧ 그 밖에 공공의 안녕질서 유지와 국민경제를 위하여 고도의 경비가 필요한 중요 시설·사업체 또는 장소

19 ②

ⓐ 관할 경찰서장이 갖춰 두어야 하는 문서와 장부〈청원경찰법 시행규칙 제17조 제2항〉
- 청원경찰 명부
- 감독 순시부
- 전출입 관계철
- 교육훈련 실시부
- 무기 · 탄약 대여대장
- 징계요구서철
- 그 밖에 청원경찰의 운영에 필요한 문서와 장부

ⓑ 시 · 도경찰청장이 갖춰 두어야 하는 문서와 장부〈청원경찰법 시행규칙 제17조 제3항〉
- 배치 결정 관계철
- 청원경찰 임용승인 관계철
- 전출입 관계철
- 그 밖에 청원경찰의 운영에 필요한 문서와 장부

20 ①

직권남용 금지 등〈청원경찰법 제10조〉

ⓐ 청원경찰이 직무를 수행할 때 직권을 남용하여 국민에게 해를 끼친 경우에는 6개월 이하의 징역이나 금고에 처한다.

ⓑ 청원경찰업무에 종사하는 자는 형법이나 그 밖의 법령에 따른 벌칙을 적용할 때에는 공무원으로 본다.

1 ③
신라는 고구려와 백제를 멸망시키고 삼국을 통일하여 단일 민족의 통일국가를 이룩하였으나, 외세와의 연합을 통한 자주성을 약화시켰고, 광대한 고구려의 영토를 잃었다.

2 ②
조선의 중앙집권화 정책
㉠ 수령은 직접 관내의 주민을 다스리는 지방관으로 조세와 공물의 징수를 담당하였다. 면·리·통에 책임자를 선임하여 수령의 정령을 집행하게 함으로써 국가의 통치권이 향촌의 말단까지 미칠 수 있었다.
㉣ 호패법은 농민들의 토지 이탈을 방지하여 중앙집권의 강화, 인적자원의 확보, 국민동태의 파악을 위해 시행되었다.
㉡㉢ 사림세력이 향촌에서의 지배력을 강화하는 수단이었다.

3 ③
농민 부담 경감을 위한 정책
㉠ 진대법(고구려) : 가난한 농민을 구제하기 위한 시책으로 흉년시에 곡식을 빌려주었다가 가을에 갚도록 하는 제도
㉡ 제위보(고려) : 기금을 조성하여 빈민을 구제하는 재단
㉢ 상평창(고려) : 물가안정기구
㉣ 균역법(조선) : 1년에 군포 1필 부담

4 ③
③ 공납의 폐해를 개선하는 방법으로 이이와 유성룡 등은 공물을 쌀로 걷는 수미법을 주장하였으나 정부 관료들에 의해 거부되었다.
※ 족징과 인징
　㉠ 족징 : 농민이 도망을 하면 친척이 대신 공물을 내는 것
　㉡ 인징 : 농민이 도망을 하면 이웃이 대신 공물을 내는 것

5 ③
㉠㉣ 조선 후기의 신분상승에 대한 설명이다.
※ 신분 계층 간의 이동
　㉠ 원 왕실과 혼인한 자는 원으로부터 만호의 직책
　㉡ 서리·향리는 문과시험을 통과하여 문반귀족으로 상승
　㉢ 양민·천민·노비는 군공을 세워 무반귀족으로 상승
　㉣ 향·부곡·소민은 군현으로 승격되면서 양인으로 상승

6 ①

조선 양반의 동향

ⓒ 두레와 계를 조직한 것은 일반 농민들이었고, 양반들은 지주로서 농업 경영에 치중하였다.

ⓔ 도고로 성장한 것은 공인들이었다.

7 ②

위에 설명된 사상은 신라 하대에 유행한 선종(禪宗)에 관한 것으로 선종은 문자에 의존하지 않고 오직 좌선만을 통해 부처의 깨달음에 이르려는 종파이다. 6세기 초에 인도에서 중국으로 건너 온 보리달마를 초조(初祖)로 한다. 선종사상은 절대적인 존재인 부처에 귀의하려는 것이 아니라 각자가 가지고 있는 불성(佛性)의 개발을 중요시하는 성향을 지녔기에 신라 하대 당시 중앙정부의 간섭을 배제하면서 지방에서 독자적인 세력을 구축하려 한 호족들의 의식구조와 부합하였다. 이로 인해 신라 말 지방호족의 도움으로 선종은 크게 세력을 떨치며 새로운 사회의 사상적 토대를 마련하였다.

8 ③

③ 고려시대의 석탑은 3층 석탑이 유행이던 신라의 양식을 그대로 계승하지 않았다.

※ 고려시대의 석탑

　ⓐ 신라 양식의 일부 계승하였으나 그 위에 독자적인 조형감각을 가미하였다.

　ⓑ 다각 다층탑이 많고 안정감은 부족하지만 자연스러운 모습이다.

　ⓒ 개성 불일사 5층석탑, 오대산 월정사 팔각 9층석탑이 유명하며, 경천사 10층 석탑은 원의 석탑을 본 뜬것이다.

9 ①

조선 후기 실학자

ⓐ 정약용은 여전론(閭田論)과 정전론(井田論)을 주장하였고 균전론을 주장한 사람은 유형원이다.

ⓑ 박제가가 「북학의(北學議)」에서 주장한 내용이다.

10 ①

광무개혁은 1896년 아관파천 직후부터 1904년 러일전쟁 발발까지 주로 보수파에 의해 추진된 제도 개혁이다.

② 물산장려운동은 1920년 평양에서 시작되어 1923년 전국으로 확산되었다.

③ 미·영·소의 3국 외상들은 1945년 12월 모스크바에 모여 한반도의 전후 문제를 상의하였다.

④ 1905년 7월 29일 일본 총리 가쓰라와 미국 육군장관 W.H. 태프트 사이에 맺어진 비밀협약이다.

※ 광무개혁 … 대한제국이 근대화 시책으로 구본신참과 민국건설의 국가통치이념으로 교전소, 사례소 등을 설치하여 개혁작업을 실행하였으며 군주로의 권력집중을 통한 정책추진을 기본으로 국방력, 재정력, 상공업 육성 및 양전사업, 금본위화폐금융제도의 개혁 등을 시도하였다.

　ⓐ 정치 : 전제 왕권의 강화, 군제개혁 및 군대확충

　ⓑ 경제 : 지계발행의 양전사업, 산업진흥을 위한 식산흥업정책 추진

　ⓒ 사회 : 상공업학교, 공장, 재판소, 전보사, 국립병원 등 설치

　ⓓ 교육 : 실용교육과 관리양성교육에 중점을 둔 상공학교, 광무학교, 전무학교, 우무학교, 모범양장소 등 설치

11 ①

① 한글 서울을 서울의 산, 해, 한강으로 나타내면서 전체적으로는 신명나는 사람의 모습을 형상화한 것으로, 인간 중심 도시를 지향하는 서울을 상징한다.

※ 서울시의 휘장 및 비전슬로건

구분	표현
서울시 휘장	
서울시의 비전 슬로건	

※ 서울시의 비전 슬로건 : 동행·매력 특별시 서울민선 8기가 지향하는 서울의 목표(Vision)를 나타낸 슬로건으로 약자와 동행하는 상생도시, 매력있는 글로벌 선도도시를 만들겠다는 의지를 담았습니다.

12 ②

② 서울사랑상품권은 서울시 주관으로 출시한 모바일 지역사랑상품권으로 소득공제는 30% 가능하다.

13 ②

제22대 국회의원 선거 의석수

㉠ 전체 의석수 : 300석
 • 지역구 의석수 : 21대 총선 대비 1석이 늘어난 254석
 • 비례대표 의석수 : 21대 총선 대비 1석 줄어든 46석
㉡ 서울시 의석수 : 21대 총선 대비 1석이 줄어든 48석

14 ①

신원권 … 가족 중 한사람이 중대한 인권을 침해받은 경우 그 가족이 진실을 규명할 수 있도록 보장하는 권리이다.
② 청원권 : 국민이 국가기관에 대하여 어떤 희망사항을 청원할 수 있는 권리이다.
③ 항변권 : 청구권의 행사를 저지하여 연기하는 권리이다.
④ 참정권 : 국민이 주권자로서 정치에 참여할 수 있는 권리이다.

15 ③

선거구 획정 … 대표를 선출하기 위하여 선거구를 분할하는 것을 말한다. 전국적인 인구조사 이후 의석 재분배와, 재분배된 의석수에 따라 그 단위 지역 안에서 새로운 선거구의 경계선을 획정한다. '공직선거법'에 따르면 국회의원 지역 선거구의 공정한 획정을 위해 중앙선거관리위원회에 선거구 획정위원회를 둔다. 선거구 획정위원회는 당해 국회의원의 임기 만료에 의한 총선거의 선거일 전 1년까지 선거구 획정안을 작성하여 국회의장에게 제출하고, 국회는 이 획정안을 존중하도록 규정하고 있다. 그러나 우리나라는 국회의원 정수 및 지역구와 비례구 의석 간의 비율이 고정되어 있지 않고 법률로 정하도록 되어 있기 때문에 선거를 앞두고 국회의원 수 등에 늘 변동이 생긴다.
① 대통령의 임기 : 5년 단임제로 「헌법」 제70조에서 규정하고 있다.
② 헌법재판소 재판관의 수 : 9명으로 「헌법」 제111조 제2항에서 규정하고 있다.
④ 지방자치단체의 기초의회 : 「헌법」 제118조 제2항에 규정하고 있어 헌법 개정 없이 의회를 폐지할 수 없다.

16 ④

소멸 위험 지수 … 고령인구(65세 이상 인구) 대비 20~39세 여성 인구의 비중을 의미, 즉 한 지역의 20~39세 여성 인구를 65세 이상 인구로 나눈 값을 뜻한다. 소멸 위험 지수의 값이 1.5 이상인 경우에는 소멸 위험이 매우 낮음, 1.0~1.5 미만인 경우 보통, 0.5~1.0 미만인 경우 주의, 0.2~0.5 미만인 경우 진입, 0.2 미만인 경우 소위험을 의미한다.

17 ④

모라토리엄 … 대외 채무에 대한 지불유예(支拂猶豫)를 말한다. 신용의 붕괴로 인하여 채무의 추심이 강행되면 기업의 도산이 격증하여 수습할 수 없게 될 우려가 있으므로, 일시적으로 안정을 도모하기 위한 응급조치로 발동된다.
① 모블로그 : 모바일과 블로그를 합친 신조어로 때와 장소에 구애받지 않고 블로그를 관리할 수 있어 인기를 끌고 있다.
② 모라토리엄 증후군 : 1960년대에 들어 지적, 육체적, 성적인 면에서 한 사람의 몫을 할 수 있으면서도 사회인으로서의 책임과 의무를 짊어지지 않는 것을 의미한다.
③ 서브프라임 모기지론 : 신용등급이 낮은 저소득층을 대상으로 주택자금을 빌려주는 미국의 주택담보대출 상품이다.

18 ④

B2C … 기업과 개인 간의 거래로, 직접 거래를 하기 때문에 중간 단계의 거래가 제외되어 소비자는 할인된 가격으로 물품을 구입할 수 있는 장점이 있다.
① B2E : 기업과 임직원 간의 전자상거래를 말한다. 주로 기업들의 복리후생을 대행해 주는 서비스, 직원들에게 교육을 제공하는 서비스 등이 있다.
② B2G : 기업과 정부 간의 전자상거래를 말한다. G는 정부뿐만 아니라 지방정부, 공기업, 정부투자기관, 교육기관 등을 의미하기도 한다. 조달청의 '나라장터'가 그 예이다.
③ B2B : 기업과 기업 간의 전자상거래를 말한다. 각종 산업재뿐만 아니라 제조, 유통, 서비스 등을 포함한다.

19 ①

서번트 증후군…자폐뿐만 아니라 뇌손상 등으로 인한 정신질환이 있는 사람에게 나타난다. 좌뇌 성장 중 손상으로 인해 우뇌 기능이 두드러짐으로써 증상이 발생할 수 있다. 출생 후 강한 충격 혹은 치매로 인하여 발생하는 경우도 있다.

② 아스퍼거 증후군 : 자폐 스펙트럼 장애의 양상 중 하나로, 사회적 상호작용이 어렵고 반복되고 제한적인 행동 문제를 보인다.

③ 헌트 증후군 : 털이 많고 키가 작으며 독특한 얼굴을 가지고 있는 형제를 특징으로 한다. 지능 저하, 점진적 청력 소실 등의 증상이 나타나며 출생 시부터 발생하는 대사 장애로 인해 발생한다.

④ 거스트만 증후군 : 계산 장애, 손가락 인식 불능, 좌우 혼동 등의 증상이 나타나며 소아에서는 발달장애에서 동반되는 경우가 많다.

20 ②

보행자 알림…무인 자동차가 주변 행인에게 음성이나 전광판으로 위험을 알리는 기술로 구글에서 개발했다.

제**4**회 정답 및 해설

▶▶▶ 제1과목 **민간경비론**

1 ③

CPTED의 원리

㉠ **접근 통제** : 허가받지 않은 사람들의 접근을 차단해서 범죄목표물에 대한 접근을 어렵게 만들고 범죄행동의 노출 위험을 증가시켜 범죄를 예방하는 원리

㉡ **자연적 감시** : 주변에 대해 가시성을 최대한 확보하도록 건물이나 시설물 등을 배치하는 원리

㉢ **영역성** : 어떤 지역에 대해 지역주민들이 자유롭게 사용하거나 점유함으로써 그들의 권리를 주장할 수 있는 가상의 영역을 만드는 원리

㉣ **활동성 강화** : 공공장소에 대한 일반 시민들의 활발한 사용을 유도함으로써 자연스런 감시를 강화하여 인근 지역의 범죄 위험을 감소시키고 주민들로 하여금 안전감을 느끼도록 하는 원리

㉤ **유지관리 및 보수관리** : 어떤 시설물이나 공공장소가 처음 설계된 대로 지속적으로 이용될 수 있도록 잘 보수·관리하고 관리가 쉽도록 계획, 설계하여 사용자의 일탈행동을 자제시키는 원리

2 ③

손해배상〈경비업법 제26조〉

㉠ 경비업자는 경비원이 업무수행 중 고의 또는 과실로 경비대상에 손해가 발생하는 것을 방지하지 못한 때에는 그 손해를 배상해야 한다.

㉡ 경비업자는 경비원이 업무수행 중 고의 또는 과실로 제3자에게 손해를 입힌 경우에는 이를 배상해야 한다.

3 ②

① 위험의 제거 : 확인된 위험요소를 제거하는 것으로 위험관리에 있어서 최선의 방법이다.

③ 위험의 감소 : 위험요소를 최소화하거나 감소시키는 물리적·절차적 방법으로 가장 현실적인 대응방법이다.

④ 위험의 분산 : 위험성이 높은 보호대상을 한 곳에 집중시키지 않고, 여러 곳에 분산시킴으로써 손실을 감소시키는 방법이다.

4 ④

④ 경비위해요소의 형태와 손실발생 정도와 빈도, 비용편익분석 등의 분석 틀에 의하여 배열한다.

5 ④

고정형 영상정보처리기기를 설치·운영하는 자는 정보주체가 쉽게 인식할 수 있도록 다음 사항이 포함된 안내판을 설치하는 등 필요한 조치를 하여야 한다〈개인정보보호법 제25조 제4항〉.

㉠ 설치 목적 및 장소

㉡ 촬영 범위 및 시간

㉢ 관리책임자 연락처

㉣ 그 밖에 대통령령으로 정하는 사항

6 ①

경비위해요인의 분석단계

㉠ 인지 단계 : 개인 또는 기업의 보호 영역에서 손실을 일으키기 쉬운 취약 부분을 확인하는 단계이다.

㉡ 손실발생가능성 예측 단계 : 경비보호대상의 보호가치에 따른 손실발생 가능성을 예측하는 단계이다.

㉢ 평가 단계 : 특정한 손실이 발생 시 얼마나 심각한 영향을 미쳤는가를 고려하는 단계이다.

㉣ 비용효과분석 단계 : 범죄피해로 인한 인적·물적 피해의 정도, 고객의 정신적 안정성, 개인 및 기업체의 비용부담 정도 등을 고려하는 단계이다.

7 ①

㉠ 스푸핑(Spoofing) : 해커가 악용하고자 하는 호스트의 IP주소나 이메일 주소를 바꾸어 해킹하는 것으로 검증된 사람이 네트워크를 통해 데이터를 보낸 것처럼 데이터를 변조하여 접속을 시도한 후 다른 시스템에 가야할 정보를 읽어 들이는 행위를 말한다.

㉡ 살라미기법(Salami Techniques) : 조금씩 잘라서 먹는 살라미 소시지에 빗댄 용어로 당사자가 눈치채지 못할 만큼 소액을 빼가는 금융 및 컴퓨터 사기 수법을 말한다.

㉢ 트로이목마(Trojan Horse) : 정보탈취나 자료삭제 등의 사이버테러를 목적으로 사용되는 악성 프로그램으로 해킹 기능을 가지고 있으며, 인터넷을 통해 감염된 컴퓨터의 정보를 외부로 유출하는 것이 특징인 악성 프로그램을 말한다.

㉣ 플레임(Flame) : 공통 관심사를 논의하기 위해 네티즌들이 개설한 토론방에 고의로 가입하여 개인 등에 대한 악성 루머를 유포하는 행위를 말한다.

㉤ 허프건(Huffgun) : 고출력 전자기장을 발생시켜 컴퓨터의 자기기록 정보를 파괴시키는 사이버테러를 말한다.

㉥ 논리폭탄(Logic Bomb) : 해커(hacker)나 크래커(cracker)에 의해서 조작된 프로그램 코드가 어떤 부위에 숨어 있다가 특정조건이 충족되는 순간 폭탄처럼 자료나 소프트웨어를 파괴하여 자동으로 부정행위가 이루어질 수 있도록 하는 범죄를 말한다.

8 ①

컴퓨터 안전관리상의 관리적 대책

㉠ 근무자들에 대하여 정기적으로 배경조사를 실시한다.

㉡ 회사 내부의 컴퓨터 기술자, 사용자, 프로그래머의 기능을 각각 분리한다.

㉢ 회의를 통하여 컴퓨터 안전관리의 중요성을 인식시킨다.

㉣ 엑세스제도를 도입한다.

㉤ 레시블링을 긴괴힌디.

㉥ 스케줄러를 점검한다.

㉦ 감시증거기록 삭제를 방지한다.

9 ②

① **제한지역** : 어떤 일을 하는 데 일정한 한도를 넘지 못하게 막아 놓은 지역을 말한다.

③ **통제지역** : 일정한 방침이나 목적에 따라 행위를 제한하거나 제약하는 지역을 말한다.

④ **통제구역** : 사람들의 접근이나 출입을 통제하는 구역을 말한다.

10 ④

경비원은 사고발생 시 증거확보를 위해 현장의 모든 물건은 그대로 보존하고 모든 사람을 신속하게 퇴장시키는 것이 바람직하다.

11 ②

① 청원경찰 업무에 종사하는 사람은 「형법」이나 그 밖의 법령에 따른 벌칙을 적용할 때에는 공무원으로 본다〈청원경찰법 제10조 제2항〉.

③ 관할 경찰서장은 매달 1회 이상 청원경찰을 배치한 경비구역에 대하여 복무규율과 근무 상황, 무기의 관리 및 취급 사항의 사항을 감독하여야 한다〈청원경찰법 시행령 제17조〉.

④ 청원주는 청원경찰을 신규로 배치하거나 이동배치하였을 때에는 배치지(이동배치의 경우에는 종전의 배치지)를 관할하는 경찰서장에게 그 사실을 통보하여야 한다〈청원경찰법 시행령 제6조 제1항〉.

※ **청원경찰의 교육**〈청원경찰법 시행령 제5조〉

  ㉠ 청원주는 청원경찰로 임용된 사람으로 하여금 경비구역에 배치하기 전에 경찰교육기관에서 직무 수행에 필요한 교육을 받게 하여야 한다. 다만, 경찰교육기관의 교육계획상 부득이하다고 인정할 때에는 우선 배치하고 임용 후 1년 이내에 교육을 받게 할 수 있다.

  ㉡ 경찰공무원(의무경찰을 포함한다) 또는 청원경찰에서 퇴직한 사람이 퇴직한 날부터 3년 이내에 청원경찰로 임용되었을 때에는 교육을 면제할 수 있다.

  ㉢ 교육기간·교육과목·수업시간 및 그 밖에 교육의 시행에 필요한 사항은 행정안전부령으로 정한다.

12 ③

① 청원경찰에게 지급할 봉급과 각종 수당, 청원경찰의 피복비, 청원경찰의 교육비, 보상금 및 퇴직금의 청원경찰경비는 청원주가 부담하여야 한다〈청원경찰법 제6조 제1항〉.

② 국가공무원법 제33조 각 호의 어느 하나의 결격사유에 해당하는 사람은 청원경찰로 임용될 수 없다〈청원경찰법 제5조 제2항〉.

④ 시·도경찰청장은 청원경찰 배치가 필요하다고 인정하는 기관의 장 또는 시설·사업장의 경영자에게 청원경찰을 배치할 것을 요청할 수 있다〈청원경찰법 제4조 제3항〉.

※ ③은 국가공무원 결격사유에 해당된다〈국가공무원법 제33조 제6호〉.

13 ④

청원경찰의 배치 대상〈청원경찰법 시행규칙 제2조〉

㉠ 선박, 항공기 등 수송시설

㉡ 금융 또는 보험을 업(業)으로 하는 시설 또는 사업장

㉢ 언론, 통신, 방송 또는 인쇄를 업으로 하는 시설 또는 사업장

㉣ 학교 등 육영시설

㉤ 「의료법」에 따른 의료기관

㉥ 그 밖에 공공의 안녕질서 유지와 국민경제를 위하여 고도의 경비(警備)가 필요한 중요 시설, 사업체 또는 장소

14 ①

② 청원경찰의 제복·장구 및 부속물에 관하여 필요한 사항은 행정안전부령으로 정한다〈청원경찰법 시행령 제14조 제2항〉.

③ 시·도경찰청장은 청원경찰이 직무수행을 위하여 필요하다고 인정하면 청원주의 신청을 받아 관할 경찰서장으로 하여금 청원경찰에게 무기를 대여하여 지니게 할 수 있다〈청원경찰법 제8조 제2항〉.

④ 청원경찰의 복제와 무기휴대에 관하여 필요한 사항은 대통령령으로 정한다〈청원경찰법 제8조 제3항〉.

① 〈청원경찰법 제9조 제1항〉

15 ④

감독〈청원경찰법 시행령 제17조〉… 관할 경찰서장은 매달 1회 이상 청원경찰을 배치한 경비구역에 대하여 다음의 사항을 감독하여야 한다.

㉠ 복무규율과 근무 상황

㉡ 무기의 관리 및 취급 사항

16 ②

청원주가 무기 및 탄약을 지급하여서는 안 되며 지급한 무기와 탄약을 즉시 회수해야 하는 청원경찰〈청원경찰법 시행규칙 제16조 제4항〉

㉠ 직무상 비위(非違)로 징계 대상이 된 사람

㉡ 형사사건으로 조사 대상이 된 사람

㉢ 사직 의사를 밝힌 사람

㉣ 치매, 조현병, 조현정동장애, 양극성 정동장애(조울병), 재발성 우울장애 등의 정신질환으로 인하여 무기와 탄약의 휴대가 적합하지 않다고 해당 분야 전문의가 인정하는 사람

㉤ ㉠ ~ ㉣의 규정 중 어느 하나에 준하는 사유로 청원주가 무기와 탄약을 지급하기에 적절하지 않다고 인정하는 사람

17 ④

보수 산정 시의 경력인정〈청원경찰법 시행령 제11조〉… 청원경찰의 보수 산정에 관하여 배치된 사업장의 취업규칙에 특별한 규정이 없는 경우에는 다음의 경력을 봉급산정의 기준이 되는 경력에 산입하여야 한다.

㉠ 청원경찰로 근무한 경력

㉡ 군 또는 의무경찰에 복무한 경력

㉢ 수위·경비원·감시원 또는 그 밖에 청원경찰과 비슷한 직무에 종사하던 사람이 해당 사업장의 청원주에 의하여 청원경찰로 임용된 경우에는 그 직무에 종사한 경력

㉣ 국가기관 또는 지방자치단체에서 근무하는 청원경찰에 대해서는 국가기관 또는 지방자치단체에서 상근(常勤)으로 근무한 경력

18 ②

① 기동모(활동에 편한 모자를 말한다.)와 기동복의 색상은 진한 청색으로 한다〈청원경찰법 시행규칙 제9조 제2항 제1호〉.

① 〈청원경찰법 시행규칙 제9조 제1항 제2호〉

③ 〈청원경찰법 시행규칙 제9조 제2항 제1호〉

④ 〈청원경찰법 시행규칙 제9조 제2항 제2호〉

19 ①

② 청원경찰의 배치를 받으려는 자는 청원경찰 배치신청서에 경비구역 평면도 1부와 배치계획서 1부를 첨부하여 사업장의 소재지를 관할하는 경찰서장을 거쳐 시·도경찰청장에게 제출하여야 한다. 이 경우 배치 장소가 둘 이상의 도(특별시, 광역시, 특별자치시 및 특별자치도를 포함한다.)일 때에는 주된 사업장의 관할 경찰서장을 거쳐 시·도경찰청장에게 한꺼번에 신청할 수 있다〈청원경찰법 시행령 제2조〉.

③ 청원경찰은 청원주가 임용하되, 임용을 할 때에는 미리 시·도경찰청장의 승인을 받아야 한다〈청원경찰법 제5조 제1항〉.

④ 청원주는 보상금 및 퇴직금의 전부를 부담하여야 한다〈청원경찰법 제6조 제1항 제4호〉.

① 〈청원경찰법 제4조 제3항〉

20 ③

③ 청원경찰경비의 최저부담기준액 및 부담기준액은 경찰공무원 중 순경의 것을 고려하여 다음 연도분을 매년 12월에 고시하여야 한다. 다만 부득이한 사유가 있을 때에는 수시 고시할 수 있다〈청원경찰법 시행령 제12조〉.

※ **청원경찰경비**〈청원경찰법 제6조〉

ㄱ 청원주는 다음의 청원경찰경비를 부담하여야 한다.

- 청원경찰에게 지급할 봉급과 각종 수당
- 청원경찰의 피복비
- 청원경찰의 교육비
- 보상금 및 퇴직금

ㄴ 국가기관 또는 지방자치단체에 근무하는 청원경찰의 보수는 다음의 구분에 따라 같은 재직기간에 해당하는 경찰공무원의 보수를 감안하여 대통령령으로 정한다.

- 재직기간 15년 미만 : 순경
- 재직기간 15년 이상 23년 미만 : 경장
- 재직기간 23년 7이상 30년 미만 : 경사
- 재직기간 30년 이상 : 경위

ㄷ 청원경찰에게 지급할 봉급·수당의 최저부담기준액과 청원경찰의 피복비 및 청원경찰의 교육비의 부담기준액은 경찰청장이 정하여 고시한다.

1 ③
가락바퀴, 치레걸이, 조개껍데기 가면, 사람 얼굴 조각상과 같은 유물들은 모두 신석기 시대를 대표하는 유물들이다. 또한 신석기 시대부터 농경이 시작되었기 때문에 이 시대 사회상을 보여주는 보기는 ③번이다.
①④ 청기(고조선) ② 청동기
※ **치레걸이**… 일명 장신구라고도 하며 신체나 의복에 붙여 장식을 하거나 신분의 상징성을 나타내기 위해 만들어진 도구의 총칭을 말한다. 치레걸이는 다른 나라의 경우 구석기 시대 때부터 만들어지기 시작했지만 우리나라에서는 아직 구석기 시대의 치레걸이가 출토된 적이 없고 신석기 시대 이래로 나타난다.

2 ①
제시문은 광개토대왕릉비의 내용이다.
②③ 소수림왕의 업적이다.
④ 장수왕의 업적이다.

3 ④
녹읍은 토지뿐만 아니라 그 토지에 속한 농민까지 지배할 수 있었다. 녹읍을 폐지하고 관료전을 지급한 것은 귀족들의 농민에 대한 지배권을 제한시켰고 국가의 토지지배권이 강화된 것이다. 정전을 지급하고 민정문서를 작성한 것은 농민을 국가재정의 기반으로 인식하여 이를 확보하기 위한 것이라고 할 수 있다.

4 ④
④ 이앙법의 발달과 광작의 보급은 경영형 부농의 증가와 동시에 농민층의 계층분화를 확대시켰다. 농촌에서 떠난 농민들은 도시로 나가 상공업에 종사하거나 임노동자가 되었고 노비가 되는 경우도 있었지만 이로 인해 노비호가 증가한 것은 아니고 노비는 지속적으로 감소되었다.

5 ③
권문세족과 신진사대부

구분	권문세족	신진사대부
출신배경	중앙귀족	향리, 하급관리
정계진출	음서(가문 중시), 도평의사사	과거(능력 본위)
정치	신분제에 기초한 유교적 정치질서 중시	행정실무 담당(왕도정치, 민본주의)
경제	재경부재지주	재향중소지주
학문	훈고학	성리학
외교	친원세력	친명세력
불교	옹호	배척
성향	보수적	진취적

6 ④

조선 초기의 양천제는 사림이 성장하던 16세기 경부터 양반, 중인, 상민, 노비로 분화되어 유지되다가 19세기를 전후해서 양반의 인구가 점차 늘고, 상민과 노비의 인구가 줄어드는 경향을 보였는데, 이러한 현상에 결정적인 역할을 한 것은 경제적인 부였다. 즉, 부유한 농민이 납속에 의한 합법적인 방법으로 양반신분을 사거나 족보를 위조하는 경우가 대표적이다.

7 ②

신라말기의 학자 최치원은 난랑비에서 유·불·도가 우리나라에 전래되기 이전부터 조상들이 생활지침으로 삼아 왔던 풍류도에 대하여 언급하면서, 그 안에 이미 유·불·도의 내용이 포함되어 있었다고 주장하였다.
㉠ 유교   ㉡ 도교   ㉢ 불교   ㉣ 천주교

8 ②

고려의 과학기술
㉠ 고려말의 최무선은 왜구의 침입을 격퇴하기 위해서 화약제조기술의 습득에 힘을 기울였다.
㉡ 우리나라 인쇄술의 발달은 지식의 대중화에 기여하지 못했다. 일반 백성들이 한자로 된 서적을 활용하기에는 어려움이 있었기 때문이다.
㉢ 원의 수시력을 채용한 것은 천재지변을 예측하고, 농사를 위한 천체운행과 기후관측에 필요했기 때문이다.
㉣ 송과의 해상무역이 발달하면서 길이가 96척이나 되는 대형 범선이 제조되었다.

9 ①

• 용팔 : 김홍도에 대한 설명으로 대표적인 작품은 밭갈이, 씨름, 서당 등이 있다.
• 인규 : 신윤복에 대한 설명으로 대표적인 작품은 월야밀회, 단오풍정, 상춘야흥 등이 있다.
• 치호 : 정선에 대한 설명으로 대표적인 작품은 인왕제색도, 금강전도 등이 있다.

10 ②

㉠ 갑신정변 14개조 중 제4항의 내용으로 갑신정변 14개조 정강은 1884년에 작성되었다.
㉡ 왕실 사무와 국정 사무를 분리한 것은 제1차 갑오개혁(1894년 7월부터 11월까지) 때이다.
㉢ 대한국 국제 제5조의 내용으로 대한국 국제(大韓國 國制)는 1899년인 광무 2년 8월 14일에 반포된 대한제국 헌법을 말한다.
㉣ 헌의 6조 제3조의 내용으로 헌의 6조는 1896년 7월에 독립협회가 나라의 개혁을 위해 관민공동회를 개최하고 결의한 6개조의 개혁안이다.

11 ③
　서울동행맵: 교통약자에게 맞춤형 교통정보 제공해 대중교통 접근성을 높이고 이용을 활성화하기 위해 서울시가 새롭게 선보이는 애플리케이션(앱)이다. 서울동행맵은 2024년 4월 17일부터 시범으로 운영하고 있다.

12 ④
　서울특별시의 행정구역은 2022년 5월말 기준으로 25개 자치구와 426개의 행정동이 있다.

13 ④
　다둥이의 경우 다둥이행복카드를 제시하면 무료로 이용할 수 있다.

14 ④
　국제연합안전보장이사회 … 5개의 상임이사국(미국 · 영국 · 프랑스 · 러시아 · 중국)과 10개의 비상임이사국으로 구성된다. 국제연합헌장에 의거하여 안전보장이사회는 국제평화를 위협하는 분쟁을 심사 · 중개 · 조정함에 있어 분쟁당사국들이 평화적 방법으로 해결하도록 권고할 수 있으며, 그 권고가 효력이 없을 때에는 간섭 또는 강제적이고 적극적인 개입을 할 수 있다. 한편 비상임이사국은 5개의 상임이사국을 제외한 나라로, 임기는 2년이고 거부권이 없으며, 연임은 불가능하다.

15 ②
　FTA(자유무역협정) … 협정 체결국 간 상품 관세장벽뿐만 아니라 서비스 · 투자 등 다양한 분야에서의 비관세장벽까지도 완화하는 특혜무역협정이다.

16 ④
　세이프가드 … 수입 급증 시 자국 산업에 중대한 피해가 발생했거나 그럴 우려가 있을 경우 취하는 긴급 수입 제한 조치이며, 공정무역관행에 따라 수입을 했을지라도 자국 산업에 심각한 피해가 발생했거나 예상되는 경우 해당 수입을 일시적으로 제한할 수 있다.
　① 규제 샌드박스: 새로운 제품이나 서비스가 출시될 때 일정 기간 동안 기존 규제를 면제하고 유예시켜 주는 제도이다.
　② CVID: Complete(완전한) · Verifiable(검증할 수 있는) · Irreversible Dismantlement(되돌릴 수 없는 폐기)의 약자로 미국이 북한에 대해 유지하고 있는 비핵화 원칙을 말한다.
　③ 위수령: 육군 부대가 한 지역에 계속 주둔하면서 해당 지역의 경비나 군대의 질서 및 군기 감시, 시설물을 보호하기 위해 제정된 대통령령이다.

17 ③

제4세계(LDDC) … 개발도상국 가운데 자원도 없고 공업화를 위한 자본도 기술도 갖추지 못한 후발도상국을 가리키는 말로, 1974년 4월 UN 자원총회에서 유래되었다. 선진자본주의국가를 제1세계, 사회주의국가를 제2세계, 개발도상국을 제3세계라 부르고 있다.

18 ①

불체포특권 … 면책특권과 더불어 헌법에서 보장한 국회의원의 2대 특권 중 하나이다.
② 면책특권 : 국회의원이 국회에서 직무상 행한 발언과 표결에 관하여 국회 밖에서는 책임을 지지 않는 특권을 말한다.
③ 게리멘더링 : 특정 정당이나 특정 후보자에게 유리하도록 자의적으로 선거구를 정하는 것을 말한다.
④ 옴부즈만 : 정부나 의회에 의해 임명된 관리로서, 시민들이 제기한 각종 민원을 수사하고 해결해주는 민원조사관을 말한다.

19 ④

인터페론 … 바이러스의 침입을 받은 세포에서 분비되는 단백질이다. 바이러스의 침입에 대하여 저항하도록 생체내의 세포들을 자극하는 물질이다.
① 아나필락시스 : 항원항체반응으로 일어나는 생체의 과민반응이다.
② 인터루킨 : 백혈구 사이의 상호작용을 매개하는 물질이다.
③ 후천성면역결핍증 : 체내의 세포면역 기능이 현저히 떨어져 보통 사람에게서는 볼 수 없는 희귀한 각종 감염증이 발생하고, 이것이 전신에 퍼지는 질환이다.

20 ④

에벌린 워 … 영국 소설가 겸 평론가이다. 제2차 세계대전에 종군하여 이후 작품에는 초기의 특징을 간직하면서도 완전히 사실적으로 기울어 종교적 질서의 실재를 주제로 삼게 되었다. 주요 저서 가운데 중후하고도 현란한 문체를 구사한 걸작 「브라이즈헤드 재방문」과 역사소설 「헬레나」 등은 모두 가톨릭적인 소설이다.
① 아이리스 머독 : 영국 소설가 겸 철학자로 대표 저서로는 「바다여, 바다여」가 있다.
② 테네시 윌리엄스 : 현대 미국의 대표적인 극작가로 퓰리처상을 수상하며 대표 저서로는 「욕망이라는 이름의 전차」가 있다.
③ 잭 케루악 : 미국 소설가로 대표 저서로는 「길 위에서」가 있다.

제5회 정답 및 해설

▶▶▶ 제1과목 **민간경비론**

1 ④

수익자부담이론

㉠ 경찰은 거시적인 질서 유지 기능을 하고, 개인이 자신의 신체와 사유재산을 보호받기 위해서는 개인적 비용의 지출로 민간경비집단을 의존해야 한다는 이론

㉡ 경찰의 역할이 개개인의 안전과 사유재산을 보호 하는 것이라는 일반적 통념을 거부하는 것임

㉢ 자본주의 사회에서는 개인의 재산보호나 범죄에서 올 수 있는 신체적 피해로부터의 보호를 결국 개인적 비용에 의해 담보 받을 수밖에 없다는 입장

2 ④

① **방범홍보** : 범죄에 대한 정보와 방지대책을 일반 시민에게 알려서 범죄의 피해자가 되는 것을 방지하고 경찰과 지역사회와의 친밀한 유대관계를 유지하기 위한 제반 활동을 말한다.

② **경찰방문** : 경찰관이 관할구역내의 각 가정, 상가 및 기타시설 등을 방문하여 청소년선도, 소년소녀가장 및 독거노인·장애인 등 사회적 약자 보호활동 및 안전사고방지 등의 지도·상담·홍보 등을 행하며 민원사항을 청취하고, 필요시 주민의 협조를 받아 방범진단을 하는 등 예방경찰활동을 말한다.

③ **생활방범** : 일상생활에서 범죄가 일어나지 않도록 막는 것 즉, 생활 속 범죄의 실질적 수준을 감소시키거나 범죄로부터의 두려움의 정도를 감소시키기 위하여 사전에 행하는 활동을 말한다.

④ **방범진단** … 범죄예방 및 안전사고방지를 위하여 관내 주택, 고층빌딩, 금융기관 등 현금다액취급업소 및 상가, 여성운영업소 등에 대하여 방범시설 및 안전설비의 설치상황, 자위방법역량 등을 점검하여 미비점을 보완하도록 지도하거나 경찰력 운용상의 문제점을 보완하는 활동을 의미한다.

3 ②

J. Bilek이 제시한 민간경비원의 일반적 지위

㉠ 민간인 신분의 경비원

㉡ 특별권한을 보유한 경비원(청원경찰)

㉢ 경찰관 신분의 경비원

4 ④

계층제의 원리 : 권한과 책임의 정도에 따라 직무를 등급화 함으로써 상하 계층 간에 직무상 지휘, 감독 관계에 서게 하는 것을 말한다.

② **명령통일의 원리** : 각 구성원들은 오직 한 사람의 감독자 또는 상관을 가지고 있고, 그 상관의 명령만을 따라야 한다는 원리이다.

③ **조정통합의 원리** : 공동의 목표를 달성하기 위하여 하위체제 간의 노력에 통일을 기하기 위한 과정을 말한다.

5 ①

경비업상 민간경비업무〈경비업법 제2조〉

㉠ **시설경비업무** : 경비를 필요로 하는 시설 및 장소에서의 도난 · 화재 그 밖의 혼잡 등으로 인한 위험발생을 방지하는 업무를 말한다.

㉡ **호송경비업무** : 운반 중에 있는 현금 · 유가증권 · 귀금속 · 상품 그 밖의 물건에 대하여 도난 · 화재 등 위험발생을 방지하는 업무를 말한다.

㉢ **신변보호업무** : 사람의 생명이나 신체에 대한 위해의 발생을 방지하고 그 신변을 보호하는 업무를 말한다.

㉣ **기계경비업무** : 경비대상시설에 설치한 기기에 의하여 감지 · 송신된 정보를 그 경비대상시설외의 장소에 설치한 관제시설의 기기로 수신하여 도난 · 화재 등 위험발생을 방지하는 업무를 말한다.

㉤ **특수경비업무** : 공항(항공기를 포함한다) 등 대통령령이 정하는 국가중요시설의 경비 및 도난 · 화재 그 밖의 위험발생을 방지하는 업무를 말한다.

6 ①

경비시스템의 유형

㉠ **1차원적 경비** : 경비원이 행하는 경비와 같이 단일 예방체제에 의존하는 것을 말한다.

㉡ **단편적 경비** : 포괄적이고 전체적인 계획 없이 필요에 의해 단편적으로 손실예방의 역할을 수행하기 위해 추가되는 경비형태를 말한다.

㉢ **반응적 경비** : 특정 손실이 발생하는 사건에 한해서만 반응하는 경비형태를 말한다.

㉣ **총체적 경비** : 위해요소와 관계없이 언제, 어떤 형태로 발생할지 모르는 사항에 대비하여 인력경비와 기계경비를 혼합한 표준화된 경비형태를 말한다.

7 ②

① **슈퍼재핑(Super Zapping)** : 컴퓨터 고장 시 비상용으로 쓰는 프로그램으로 권리권한 정보를 유출 · 이용한다.

② **살라미수법(Salami techniques)** ··· 딱딱한 이탈리아식 소시지 살라미(Salami)를 잘게 썰어 먹는 데서 유래된 용어로 금융기관의 컴퓨터시스템에서 이자 계산 시 단수 이하의 적은 금액을 특정 계좌에 모이게 함으로써 이익을 취하는 수법이다.

③ **논리폭탄(Logic Bomb)** : 해커나 크래커가 프로그램 코드의 일부를 조작해 이것이 소프트웨어의 어떤 부위에 숨어 있다가 특정 조건에 달했을 경우 실행되도록 하는 것이다.

④ **트랩도어(Trap Door)** : 시스템 보안이 제거된 비밀 통로로, 시스템 설계자가 고의로 만들어 놓은 시스템의 보안 구멍이다.

8 ③

계약경비와 자체경비
ⓐ **계약경비** : 일반적으로 경비상품을 갖춘 용역경비전문업체가 경비서비스를 원하는 용역의뢰자와의 일정한 계약행위를 통해 경비서비스를 제공하는 형태의 경비서비스를 말한다.
ⓑ **상주경비(자체경비)** : 계약경비와 상대개념으로 당해 조직이 자체적으로 경비부서를 조직하고 경비활동을 실시하는 경비형태를 의미한다. 즉, 조직의 일부로서 경비조직을 운영하여 경비를 행하는 형태를 말하다

9 ②

② 열기나 연기의 방향을 보고 불이 난 반대쪽의 비상구, 비상계단을 찾아 1층 또는 옥상 중 가까운 쪽으로 유도한다.

10 ③

③ 메모리해킹(Memory Hacking)이란 피해자 PC 메모리에 상주한 악성코드로 인하여 정상 은행사이트에서 보안카드번호 앞·뒤 2자리만 입력해도 부당 인출하는 수법을 말한다.
※ 신종 금융범죄 예방법

구분	예방법
파밍(Pharming)	• OTP(일회성 비밀번호생성기),보안토큰(비밀정보 복사방지) 사용 • 컴퓨터·이메일 등에 공인인증서, 보안카드 사진, 비밀번호 저장 금지
피싱(Phishing)	• OTP(일회성 비밀번호생성기),보안토큰(비밀정보 복사방지) 사용 • 출처불명 또는 금융기관 주소와 다른 주소로 발송된 이메일 즉시 삭제
메모리해킹 (Memory Hacking)	• OTP(일회성 비밀번호생성기), 보안토큰(비밀정보 복사방지) 사용 • 컴퓨터·이메일 등에 공인인증서, 보안카드 사진, 비밀번호 저장 금지
스미싱(Smishing)	• 출처가 확인되지 않은 문자메시지의 인터넷주소를 클릭 금지 • 미확인 앱이 함부로 설치되지 않도록 스마트폰의 보안설정 강화

11 ①

② 청원주는 총포 · 도검 · 화약류 등의 안전관리에 관한 법률에 따른 분사기의 소지허가를 받아 청원경찰로 하여금 그 분사기를 휴대하여 직무를 수행하게 할 수 있다〈청원경찰법 시행령 제15조〉.

③ 시 · 도경찰청장이 무기를 대여하여 휴대하게 하려는 경우에는 청원주로부터 국가에 기부채납된 무기에 한정하여 관할 경찰서장으로 하여금 무기를 대여하여 휴대하게 할 수 있다〈청원경찰법 시행령 제16조 제2항〉.

④ 무기와 탄약을 대여받은 청원주가 청원경찰에게 무기와 탄약을 출납하려는 경우에 청원경찰에게 지급한 무기와 탄약은 매주 1회 이상 손질하게 하여야 한다〈청원경찰법 시행규칙 제16조 제2항 제3호〉.

① 〈청원경찰법 제8조 제3항〉

12 ③

보수 산정 시의 경력 인정〈청원경찰법 시행령 제11조〉 ⋯ 배치된 사업장의 취업규칙에 특별한 규정이 없는 경우에는 다음의 경력을 봉급산정의 기준이 되는 경력에 산입해야 한다.

㉠ 청원경찰로 근무한 경력

㉡ 군 또는 의무경찰에 복무한 경력

㉢ 수위 · 경비원 · 감시원, 그 밖에 청원경찰과 비슷한 직무에 종사하던 자가 해당 사업장의 청원주에 의하여 청원경찰로 임용된 경우에는 그 직무에 종사한 경력

㉣ 국가기관 또는 지방자치단체에서 근무하는 청원경찰에 대하여는 국가기관 또는 지방자치단체에서 상근으로 근무한 경력

13 ①

문서와 장부의 비치〈청원경찰법 시행규칙 제17조〉

㉠ 청원주는 다음의 문서와 장부를 갖춰 두어야 한다.

• 청원경찰 명부

• 근무일지

• 근무 상황카드

• 경비구역 배치도

• 순찰표철

• 무기 · 탄약 출납부

• 무기장비 운영카드

• 봉급지급 조서철

• 신분증명서 발급대장

• 징계 관계철

• 교육훈련 실시부

• 청원경찰 직무교육계획서

- 급여품 및 대여품 대장
- 그 밖에 청원경찰의 운영에 필요한 문서와 장부

ⓛ 관할 경찰서장은 다음의 문서와 장부를 갖춰 두어야 한다.
- 청원경찰 명부
- 감독 순시부
- 전출입 관계철
- 교육훈련 실시부
- 무기 · 탄약 대여대장
- 징계요구서철
- 그 밖에 청원경찰의 운영에 필요한 문서와 장부

ⓒ 시 · 도경찰청장은 다음의 문서와 장부를 갖춰 두어야 한다.
- 배치 결정 관계철
- 청원경찰 임용승인 관계철
- 전출입 관계철
- 그 밖에 청원경찰의 운영에 필요한 문서와 장부

14 ④

청원주가 부담하는 청원경찰경비〈청원경찰법 제6조 제1항〉
ⓐ 청원경찰에게 지급할 봉급 및 각종 수당
ⓛ 청원경찰의 피복비
ⓒ 청원경찰의 교육비
ⓔ 보상금 및 퇴직금

15 ③

의사에 반한 면직〈청원경찰법 제10조의4〉
ⓐ 청원경찰은 형의 선고 · 징계처분 또는 신체상 · 정신상의 이상으로 직무를 감당하지 못할 때를 제외하고는 그 의사에 반하여 면직되지 아니한다.
ⓛ 청원주가 청원경찰을 면직시켰을 때에는 그 사실을 관할 경찰서장을 거쳐 시 · 도경찰청장에게 보고하여야 한다.

16 ②

② 청원주가 청원경찰을 임용하였을 때에는 임용한 날부터 10일 이내에 그 임용사항을 관할 경찰서장을 거쳐 시 · 도경찰청장에게 보고하여야 한다. 청원경찰이 퇴직하였을 때에도 또한 같다〈청원경찰법 시행령 제4조 제2항〉.
① 〈청원경찰법 시행령 제3조〉
③ 〈청원경찰법 시행령 제6조〉
④ 〈청원경찰법 시행령 제12조 제2항〉

17 ②

징계〈청원경찰법 제5조의2〉

㉠ 청원주는 청원경찰이 다음에 해당하는 때에는 징계절차를 거쳐 징계처분을 하여야 한다.

- 직무상의 의무를 위반하거나 직무를 태만히 한 때
- 품위를 손상하는 행위를 한 때

㉡ 청원경찰에 대한 징계의 종류는 파면, 해임, 정직, 감봉, 견책으로 구분한다.

- 정직은 1개월 이상 3개월 이하로 하고, 그 기간에 청원경찰의 신분은 보유하나 직무에 종사하지 못하며, 보수의 3분의 2를 줄인다.
- 감봉은 1개월 이상 3개월 이하로 하고, 그 기간에 보수의 3분의 1을 줄인다.
- 견책은 전과에 대하여 훈계하고 회개하게 한다.

18 ③

청원경찰법 제1조(목적) … 이 법은 청원경찰의 직무 · 임용 · 배치 · 보수 · 사회보장 및 그 밖에 필요한 사항을 규정함으로써 청원경찰의 원활한 운영을 목적으로 한다.

19 ②

임용승인신청서 첨부서류〈청원경찰법 시행규칙 제5조 제1항〉

㉠ 이력서 1부
㉡ 주민등록증 사본 1부
㉢ 민간인 신원진술서 1부
㉣ 최근 3개월 이내에 발행한 채용신체검사서 또는 취업용 건강진단서 1부
㉤ 가족관계등록부 중 기본증명서 1부

20 ③

③ 청원경찰은 「형법」이나 그 밖의 법령에 따른 벌칙을 적용하는 경우와 법 및 이 영에서 특별히 규정한 경우를 제외하고는 공무원으로 보지 아니한다〈청원경찰법 시행령 제18조〉.

① 〈청원경찰법 제3조〉
② 〈청원경찰법 시행규칙 제22조〉
④ 〈청원경찰법 시행규칙 제21조〉

1 ②
① 화폐와 곡식의 출납, 회계
③ 풍속의 교정, 관리의 비리 감찰
④ 규정 연반에 걸친 중요사항 설정

2 ④
조선의 통치기구
① 의정부(議政府)는 조선시대 최고 합의 기구이고 조선 후기로 올수록 점점 실권이 약화되었다. 조선시대 최고의 행정집행기관은 육조(六曹)이다.
② 홍문관(弘文館)은 조선시대 궁중의 경서·사적의 관리와 문한(文翰)의 처리 및 왕의 각종 자문에 응하는 일을 담당하던 관서로 사헌부·사간원과 함께 삼사(三司)로 불렸다.
③ 대간(臺諫)이란 감찰 임무를 맡은 대관(臺官)과 국왕에 대한 간쟁 임무를 맡은 간관(諫官)의 합칭으로 조선시대 때 대관은 사헌부(司憲府), 간관은 사간원(司諫院)이었다. 예문관은 조선시대 임금의 말이나 명령을 대신하여 짓는 것을 담당하기 위해 설치한 관서이고 춘추관은 조선시대 시정(時政)의 기록을 관장하던 관서이다.

3 ④
④ 화백 회의는 만장일치에 의해 의결하는 것이 원칙이었다.
※ **고대 사회 귀족들의 합의제도**
  ㉠ **제가회의** : 고구려 때 국가의 정책을 심의하고 의결하던 귀족회의로 부족국가 시대이던 고구려 초기부터 행해졌다.
  ㉡ **정사암** : 백제 때 정치를 논하고 재상을 뽑던 곳으로 국가에서 재상을 선정할 때 당선 자격자 3~4인의 이름을 봉함하여 바위 위에 두었다가 얼마 후에 펴보아 이름 위에 인적(印蹟)이 있는 자를 재상으로 선출하였다 한다.
  ㉢ **화백** : 진골(眞骨) 귀족 출신의 대등(大等)으로 구성된 신라의 합의체 회의기구로 국가의 중대한 일들을 결정하고 귀족세력과 왕권 사이에서 권력을 조절하는 기능을 했다.

4 ④
호패법 … 고려말 1391년에 처음 실시되었다. 조선시대에 들어와서는 1413년에 시작되어 제도상으로는 고종 때까지도 계속되었다. 효과적인 조세수취와 유민의 방지를 통한 중앙집권을 강화하기 위하여 위로는 왕족부터 아래로는 노비에 이르기까지 16세 이상의 모든 남자에게 호패를 지급하였다.

5 ④

조선 후기의 가족제도

㉠ 조선 초기~중기 : 혼인 후 여자집에서 생활(남귀여가혼), 자녀균분상속, 제사의 자녀분담

㉡ 17세기 이후 : 부계 중심의 가족제도의 확립, 친영제도의 정착, 장자 우대

㉢ 조선 후기 : 부계 중심의 가족제도 강화, 서얼차별, 과부재가 금지

6 ③

최충을 비롯한 사학 12도의 설립자들은 과거시험 출제위원인 지공거 출신이 많았던 관계로 그들이 세운 사학들은 과거에서 좋은 성적을 거두었다. 이는 문벌귀족세력의 형성을 촉진시킨 반면에 관학을 쇠퇴시키는 요인이 되었다. ①②④ 관학진흥책이다.

7 ④

④ 「동국통감」은 편년체로 서술하였다.

8 ④

조선 후기의 과학분야는 국민생활 개선에 중점을 두었고, 우리에게 맞는 새로운 구성의 노력이 두드러졌다.

9 ④

아관파천 이후 열강들의 이권침탈을 저지할 것을 주장한 글이다. 열강들은 금광채굴권, 철도부설권, 삼림채벌권 등 경제적 이권을 침탈하였는데, 이것은 우리나라의 발전에 절대 필요한 자원들이었다.

10 ①

① 제3공화국에서 정권의 연장을 위해 나타난 유신정권하에서 이러한 이념교육이 극단적으로 강화되었다.

11 ③

③ 신라를 귀속시키고 후백제를 정복하여 후삼국을 통일한 왕건은 고구려의 후계자란 뜻으로 고려라는 이름으로 나라를 세웠다. 당시 서울은 양주라는 이름으로 불리고 있었지만 편리한 교통과 풍부한 물산 등 유리한 자연지리적 여건 때문에 1067년 고려 제방 제도성 최고 시위 중 하나인 남경 으로 승격된다. 이후 다시 양주로 격하되었다가 남경으로 격상되는 변화를 겪었지만 1101년 이후부터 고려말까지는 남경으로 승격되어 중요한 위치를 차지하게 된다.

12 ①

① 기후동행카드는 1회 요금 충전으로 30일간 대중교통(지하철, 버스), 따릉이를 무제한 이용할 수 있는 대중교통 통합 정기권입니다.

13 ④

서울비전 2030
㉠ 각계각층의 122명으로 구성된 '서울비전2030위원회'를 통해서 136일 동안 100여 차례 넘는 치열한 토론과 논의를 거쳐 '서울비전 2030'을 수립하였다.
㉡ 2021년 9월 15일 서울시장은 향후 시정 운영 방향을 종합적으로 망라해 '서울비전 2030'을 발표하였다.
㉢ '서울비전 2030'이 제시한 최상위 비전은 '다시 뛰는 공정도시 서울'이다.

14 ①

아그레망(Agrement) … 타국의 외교사절을 승인하는 절차로 새로운 대사를 파견할 때 사전에 상대국에 그 인물을 받아들일지의 여부를 조회하는 것을 말한다.
②③④ 외교사절의 파견은 아그레망 임명 신임장부여 파견 순으로 이루어진다.

15 ①

J턴 현상 … U턴 현상에 비해 출신지에서 고용기회가 적을 경우 나타나는 현상이다
② U턴 현상 : 대도시에 취직한 지방 출신자가 고향으로 되돌아가는 노동력 이동 현상을 말한다.
③ 도넛 현상 : 대도시의 거주공간과 업무의 일부가 외곽지역으로 집중되고 도심에는 상업기관 및 공공기관만 남게 되어 도심이 도넛모양으로 텅 비어버리는 현상을 말한다.
④ 스프롤 현상 : 도시의 급격한 팽창에 따라 대도시의 교외가 무질서하고 무계획적으로 주택화되는 현상이다.

16 ①

풍선효과 … 풍선의 한 곳을 누르면 다른 곳이 튀어 나오는 것처럼 한 가지 문제가 해결되면 또 다른 문제가 생겨나는 현상을 말한다. 정부가 강남 집값을 잡기 위해 재건축 아파트 규제를 강화하자 일반 아파트로 수요가 몰려 집값이 오르는 현상 등이 풍선 효과에 해당한다.

② **칵테일파티 효과** : 여러 사람들이 모여 한꺼번에 이야기 하고 있음에도 자신이 관심을 갖는 이야기만 골라 들을 수 있는 것으로 시끄러운 곳에서 한 화자에게만 집중하고 다른 대화는 선택적으로 걸러내는 능력을 묘사하는 용어이다.

③ **피그말리온 효과** : 타인의 기대나 관심으로 인하여 능률이 오르거나 결과가 좋아지는 현상으로 로젠탈 효과, 자성적 예언, 자기 충족적 예언이라고도 한다.

④ **스티그마 효과** : 다른 사람들에게 무시당하고 부정적인 낙인이 찍히면 행태가 나쁜 쪽으로 변해가는 현상을 말한다.

17 ③

교우이신(交友以信) … 신라 진평왕 때 원광법사가 화랑에게 일러준 다섯 가지 계명인 세속오계(世俗五戒)에 속한다.

※ 삼강오륜과 세속오계

　㉠ 삼강오륜

　　• 삼강(三綱) : 군위신강(君爲臣綱), 부위자강(父爲子綱), 부위부강(夫爲婦綱)

　　• 오륜(五輪) : 군신유의(君臣有義), 부자유친(父子有親), 부부유별(夫婦有別), 장유유서(長幼有序), 붕우유신(朋友有信)

　㉡ 세속오계

　　• 사군이충(事君以忠) : 임금을 충성으로써 섬긴다.

　　• 사친이효(事親以孝) : 어버이를 효도로써 섬긴다.

　　• 교우이신(交友以信) : 벗을 믿음으로써 사귄다.

　　• 임전무퇴(臨戰無退) : 싸움에 임해서는 물러나지 않는다.

　　• 살생유택(殺生有擇) : 산 것을 죽일 때는 가려서 한다.

18 ①

정지위성 … 지구의 자전주기와 동일한 궤도주기를 가진 인공위성을 말한다. 적도 상공에서 원 또는 타원궤도를 선회하게 되는데, 지구가 자전하는 것과 같은 속도와 같은 방향으로 돌기 때문에 정지해 있는 것처럼 보인다.

19 ①

빨대 현상 … 좁은 빨대로 컵 안의 내용물을 빨아들이듯, 대도시가 주변 도시의 인구 및 경제력을 흡수하는 대도시 집중현상을 일컫는다. 교통여건의 개선이 균형 있는 지역 개발이 아닌 지역 쇠퇴를 초래하는 부작용으로, 1960년대에 일본 고속철도 신칸센이 개통된 후에 도쿄와 오사카 도시로 인구와 경제력이 집중되어 제3의 도시 고베가 위축되는 현상에서 비롯되었다.

② **스프롤 현상** : 도시의 급격한 팽창에 의해 대도시의 교외가 무질서 · 무계획적으로 주택화가 되어가는 현상을 말한다.

③ **노넛 현상** : 대도시의 거주공간과 업무의 일부가 외곽지역으로 집중되고 도심에는 상업기관 및 공공기관만 남게 되어 도심이 도넛모양으로 텅 비어버리는 것을 말한다.

④ **U턴 현상** : 대도시에 취직한 지방 출신자가 고향으로 되돌아가는 노동력 이동 현상을 말한다.

20 ④

① **그린슈머** : 자연을 상징하는 말인 그린(Green)과 소비자(Consumer)의 합성어로, 친환경 제품을 구매하는 소비자를 말한다.

② **블루슈머** : 블루오션(Blue Ocean)과 소비자(Consumer)의 합성어로, 경쟁자가 없는 미개척 시장을 주도하는 소비자를 말한다.

③ **리뷰슈머** : 리뷰(Review)와 소비자(Consumer)의 합성어로, 제품을 남들보다 먼저 사용해보고 인터넷에 상품에 대한 평가 글을 전문적으로 올리는 소비자를 말한다.

상식은 "용어사전"

용어사전으로 중요한 용어만 한눈에 보자

중요한 용어만 공부하자!

❶ 시사용어사전 1200

매일 접하는 각종 기사와 정보 속에서 현대인이
놓치기 쉬운, 그러나 꼭 알아야 할 최신 시사상식
을 쏙쏙 뽑아 이해하기 쉽도록 정리했다!

❷ 경제용어사전 1030

주요 경제용어는 거의 다 실었다! 경제가 쉬워지
는 책, 경제용어사전!

❸ 부동산용어사전 1300

부동산에 대한 이해를 높이고 부동산의 개발과 활
용, 투자 및 부동산 용어 학습에도 적극적으로 이
용할 수 있는 부동산용어사전!

• 최신 관련 기사 수록

• 다양한 용어를 수록하여 1000개 이상의 용어 한눈에 파악

• 용어별 중요도 표시 및 꼼꼼한 용어 설명

• 파트별 TEST를 통해 실력점검

자격증

한번에 따기 위한 서원각 교재

한 권에 따기 시리즈 / 기출문제 정복하기 시리즈를 통해 자격증 준비하자!